Der Bezirk Frankfurt
Geographische Exkursionen

Geographische Bausteine

Begründet von Nationalpreisträger Prof. Dr. H. Haack

Neue Reihe, Heft 9

Der Bezirk Frankfurt

Geographische Exkursionen

Herausgegeben von HANS JOACHIM KRAMM

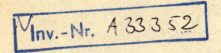

VEB Hermann Haack
Geographisch-Kartographische Anstalt Gotha
1989

Autoren der Beiträge:
Prof. Dr. habil. J. F. Gellert (Naturräumliche Gliederung), Prof. Dr. habil. H. J. Kramm (Hist.-geogr. Entwicklung, Ökonom.-geogr. Überblick, Exkursion 1), Dr. G. Krebs (Exkursionen 9 und 10), Dr. sc. B. Leupolt (Exkursion 5), Prof. Dr. habil. J. Marcinek (Exkursion 3), Doz. Dr. sc. B. Nitz (Exkursion 7), Dr. J. Peters (Exkursion 12), Dr. W. Sadler (Exkursion 8), Dr. sc. E. Scholz (Exkursionen 2, 6 und 11), Dr. sc. M. Schulz (Exkursion 4) und Dr. L. Zaumseil (Exkursion 8)

Herausgeber: Prof. Dr. habil. H. J. Kramm, Pädagogische Hochschule „Karl Liebknecht", Sektion Geographie, Am Neuen Palais, Potsdam, 1571

Das Umschlagfoto zeigt das Rathaus von Frankfurt (Oder) mit gotischem Südgiebel

ISBN 3-7301-0605-8

2. Auflage
VEB Hermann Haack
Geographisch-Kartographische Anstalt Gotha, 1989
VLN 1001, EG 8/49/89, K 2/64, 320/10/89 (7914)
Printed in the German Democratic Republic
Gesamtherstellung: Mühlhäuser Druckhaus
Lektor: Dr. W. Dietl
Einband: W. Haferkorn, Rudolstadt
Hersteller: P. Kuhr
LSV 5009

Best.-Nr. 597 374 6/Frankfurt-Exkurs./Geobau 9
00800

Vorwort

Seit rund 40 Jahren führen Mitarbeiter des Fachbereiches Geographie der Pädagogischen Hochschule „Karl Liebknecht" Potsdam Exkursionen in die nähere und weitere Umgebung ihres Hochschulortes durch. Im Mittelpunkt des Intersses standen und stehen dabei die brandenburgischen Landschaften und ihre wirtschaftliche Nutzung in Vergangenheit und Gegenwart. Diese Exkursionen sollen den Studenten helfen, das im Hörsaal gewonnene Wissen in der Realität des geographischen Milieus zu festigen, das Werden und die räumliche Struktur unserer Heimat zu verstehen. Die Liebe zu unserem sozialistischen Staat, für den die Erhaltung und Pflege der Umwelt gleichermaßen wichtig ist wie die Optimierung seiner Territorialstruktur, und das Wissen um die gegebenen geographischen Sachverhalte und Probleme werden die Studenten, gleich wo sie ihren Arbeitsplatz gefunden haben oder erhalten werden, beflügeln, die ihnen übertragenen Aufgaben in Erziehung und Lehre ihrer Schüler zu lösen. Darüber hinaus hofft der Herausgeber, daß natürlich alle geographisch Interessierten, darunter auch Jugendliche oder Urlauber und Touristen, dieses Büchlein mit Gewinn lesen und angeregt werden, sich mit Natur und Umwelt vertraut zu machen, um sie bewußt zu erleben und zu pflegen. Der IV. Geographenkongreß der Geographischen Gesellschaft der DDR und das 40jährige Bestehen der Geographie in Potsdam im Jahre 1989 sind zugleich Anlaß, eine Neuauflage des Exkursionsführers vorzulegen.

Potsdam, 1989   Der Herausgeber

Inhaltsverzeichnis

Naturräumliche Gliederung und Ausstattung

Der Bezirk Frankfurt erstreckt sich längs der Staatsgrenze der DDR mit der Volksrepublik Polen an der Oder-Neiße von Penkun im Nordosten bis kurz vor Wilhelm-Pieck-Stadt Guben (Bezirk Cottbus) im Südosten und reicht nach Westen bis an die östliche Stadtgrenze von Berlin. Er umfaßt Teile des Rücklandes der Mecklenburgischen Seenplatte, die östlichen Ausläufer des Nördlichen Landrückens (Mecklenburgische Seenplatte) und den östlichen Teil des Märkischen Mittellandes mit Ausnahme der Gebiete am Spreewald, die zum Bezirk Cottbus gehören. Sein höchster Punkt liegt auf dem Hutberg bei Fünfeichen westlich von Eisenhüttenstadt in 162 m NN, sein tiefster an der Staatsgrenze im unteren Odertal bei etwa 1 m NN. Trotz lokal großer relativer Höhenunterschiede, wie z. B. zwischen dem Pimpinellenberg (120 m) westlich von Oderberg und dem Oderberger See (2 m), in der Umgebung von Freienwalde oder auch in den Diehlobergen bei Eisenhüttenstadt besitzt das Gebiet des Bezirkes Frankfurt einen Flachlandcharakter.

Das Territorium des Bezirkes erhielt seine Gestaltung während der Weichselkaltzeit mit dem Brandenburger Stadium, der Frankfurter Staffel und dem Pommerschen Stadium. Kleinere oder größere ebene bis flachwellige Grundmoränenplatten, hügelige Endmoränenzüge, ausgedehnte Sanderflächen, Seerinnen und Grundmoränenseen in buntem Mosaik, ausgedehnte Urstromtalniederungen mit völlig ebenen Talsandflächen und spätglazial aufgewehten Dünen sowie holozäne humose Niederungsflächen in den Urstromtälern sowie in anderen spät- und postglazialen Hohlformen, vor allem im Oderbruch, sind die für den Bezirk Frankfurt typischen Landschaftskomplexe. Als geologisch-geomorphologische Leitformen besitzen die in langen Zügen angeordneten Bildungen der ehemaligen Eisrandlagen, vornehmlich in Form von Endmoränenrücken oder Endmoränen-Hügel-Reihen, und die großen Urstromtäler als Sammeladern der Schmelzwässer vom Eisrand hervorragende Bedeutung.

Im Süden des Bezirkes, zwischen dem außerhalb seiner Grenzen gelegenen Baruther Urstromtal mit dem Spreewald im Süden und dem Berli-

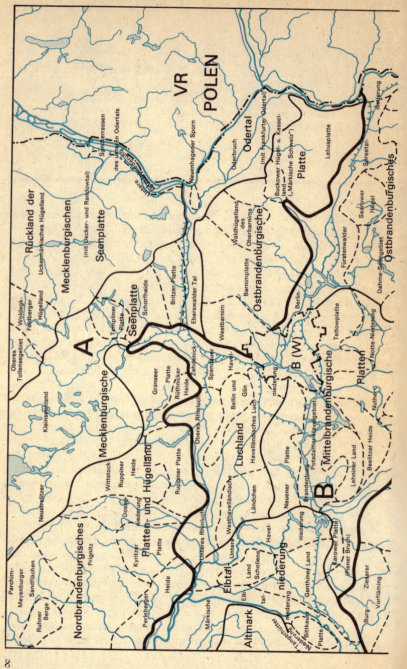

Rückland der Mecklenburgischen Seenplatte
(mit Uecker- und Randowtal)
Uckermärkisches Hügelland

VR POLEN

Sandterrassen des unteren Odertals
Unteres Odertal
Neuhagener Sporn

Oberes Tollensegebiet
Woldegk-Feldberger Hügelland
Kleinseenland

Mecklenburgische

A

Templiner Platte
Seenplatte
Schorfheide
Britzer Platte
Eberswalder Tal

Oderbruch
Odertal
(mit Frankfurter Odertal)
Buckower Hügel- u. Kessel-land („Märkische Schweiz")
Platte
Lebusplatte

Waldhügelland des Oberbarnims
Barnimplatte
Westbarnim

Ostbrandenburgische
Berlin

Saarower Hügel
Fürstenwalder Platte
Dahme-Seengebiet
Ostbrandenburgisches

niederung

Granseer Platte
Rüthnicker Heide
Zehdenick
Spandauer

Neustrelitzer

Wittstock
Ruppiner Heide

Mecklenburgische

Oberes Rhinluch

Havel-niederung

Bellin und Glin
Havelländisches Luch

Luchland

B (W)

Mittelbrandenburgische Platten
Teltowplatte
Notte-Niederung
Nuthe-

Parchim-Meyenburger Sandflächen
Ruhner Berge
Prignitz

Nordbrandenburgisches

Perleberger Heide
Kyritzer Platte
Dosse-niederung
Ruppiner Platte
Heide

Platten- und Hügelland

Unteres Rhinluch

Westhavelländische
Ländchen

Nauener Platte

Brandenburg
Potsdamer Havelgebiet
Lehniner Land
Beelitzer Heide

B

Altmark

Märkische
Unter-Havel-tal-niederung
Elbe-Land
Schollene
Genthiner Land

Elbtal-niederung

Havel-niederung

Karower Platte
(Fiener Bruch)

Tangerhütter
Niederung
Bittkauer Platte

Burg-Ziesarer
Vorfläming

8

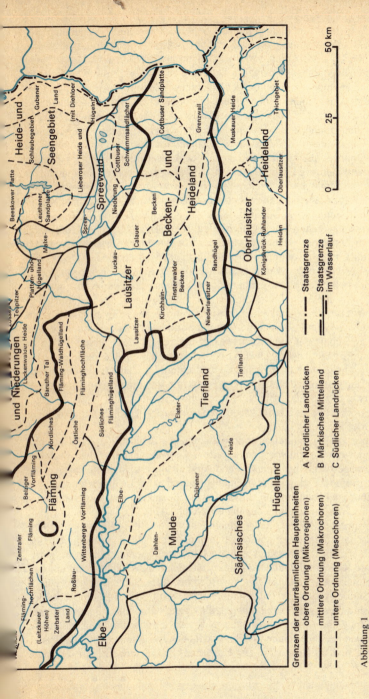

Abbildung 1
Naturräumliche Gliederung der brandenburgischen Bezirke
(nach E. Scholz 1962)

Grenzen der naturräumlichen Haupteinheiten
— obere Ordnung (Mikroregionen)
— mittlere Ordnung (Makrochoren)
---- untere Ordnung (Mesochoren)

—··— Staatsgrenze

—··— Staatsgrenze
im Wasserlauf

A Nördlicher Landrücken
B Märkisches Mittelland
C Südlicher Landrücken

0   25   50 km

9

ner Urstromtal im Norden, erstrecken sich, teilweise als zusammenhängende Rücken, teilweise in eine Kette von isolierten Hügeln aufgelöst, von der Neiße und Oder zwischen Wilhelm-Pieck-Stadt Guben und Eisenhüttenstadt westwärts zum Teltow in einer Vielzahl von Staffeln die Endmoränen des Brandenburger Stadiums. Weniger ausgeprägt und gegliedert ist der Endmoränenzug der Frankfurter Staffel auf der Ostbrandenburgischen Platte von Frankfurt an der Oder nach Bernau. Im Norden bildet der geschlossene Endmoränenzug der Hauptphase des Pommerschen Stadiums zwischen dem Neuenhagener Sporn und Joachimsthal einen markanten Höhenrücken. In der Uckermark folgen in seinem Rückland mehrere Endmoränenketten, weniger ausgeprägter spätglazialer Vorstoßphasen der Weichselkaltzeit. Zwischen den drei genannten Haupteisrandlagen des Brandenburger Stadiums, der Frankfurter Staffel und des Pommerschen Stadiums bilden im Zuge des Berlin-Fürstenwalder Spreetales zwischen Eisenhüttenstadt und Berlin das Berliner Urstromtal bzw. im Zuge des Oderbruches und der Eberswalder Pforte zwischen Odertal und dem oberen Havelthal das Toruń-Eberswalder Urstromtal teilweise recht breite zusammenhängende Talungen. Ihnen ordnen sich besonders im Gebiet zwischen dem Außenrand des Brandenburger Stadiums und der Frankfurter Staffel sowie im Vorland des Pommerschen Stadiums nordwestlich von Eberswalde zahlreiche Schmelzwasserrinnen zu, die die Grundmoränenplatten und Sanderflächen zerschneiden und der Landschaft ein mosaikartiges Gefüge geben. Eine Besonderheit in diesem durch die mehrmaligen Vorstöße des weichselkaltzeitlichen Inlandeises und die Abschmelzprozesse bedingten Landschaftssystem bilden längs der Ostgrenze des Bezirkes Frankfurt das die geschilderte Landschaftsfolge von Süden nach Norden durchschneidende Neiße-Odertal und ganz besonders die rund 80 km lange und rund 15 km breite Hohlform des Oderbruches.

Diese geologisch-geomorphologischen Formenkomplexe bilden miteinander ein System von Landschaften, die in ihrer natürlichen Bedingtheit und gesetzmäßigen materiellen Ausstattung und Struktur sogenannte Naturräume darstellen und in einer spezifischen Weise einander zugeordnet sind. Sie lassen eine für das Gebiet des Bezirkes Frankfurt charakteristische Ordnung und Gliederung erkennen (Abb. 1).

Entsprechend seiner erdgeschichtlichen Gestaltung herrschen in den Landschaften des Bezirkes Geschiebemergel bzw. Geschiebelehme sowie Geschiebesande, besonders auf den Grundmoränenplatten, sowie glazifluviale Kiese und Sande, besonders auf den Sanderflächen und auf den Talsandebenen, vor. Aus ihnen wurden an vielen Stellen in spätglazialer Zeit Sande ausgeweht und zu Dünen aufgehäuft. In den Endmoränenhügeln sind diese glazigenen und glazifluvialen Sedimente (Geschiebemergel, Sande und Kiese) miteinander und vielfach mit tertiären, insbesondere miozänen und oligozänen Sanden und Tonen sowie teilweise auch Braunkohlen, und im Norden, in der Uckermark, lokal auch mit Kreidekalken zu Stauchmoränen aufgestaucht oder verschuppt oder wurden glaziale Geschiebe, besonders im Zug der Endmoränenrücken der Pommerschen Hauptphase, in Form mächtiger Kies- und Blockpackungen zu Satz- oder Blockmoränen aufgehäuft. In Hohlformen vor dem Eisrand, insbesondere des Pommerschen Stadiums, wurden mächtige glazilimnische Beckentone abgelagert. Bei Rüdersdorf ragen triadische Rötmergel und Muschelkalk in Form eines breiten asymmetrischen Sattels, in dessen Kern ein aus Zechsteinsalzen bestehender Steinsalzstock erbohrt wurde, bis an die Oberfläche auf, ohne jedoch im Relief hervorzutreten. Abgesehen von Rüdersdorf liegt der prätertiäre, vorwiegend aus Ablagerungen des Jura und der Kreide bestehende Untergrund überall in großer Tiefe und hat nirgends Bedeutung für die Gestaltung der heutigen Landschaft. Das gilt auch für die Oberkante der tertiären Ablagerungen in den nördlichen Teilen des Bezirkes, der Uckermark, wo die pleistozänen Ablagerungen bis zu 200 m Mächtigkeit erreichen. In der Mitte und im Süden des Bezirkes Frankfurt ragt indessen das präquartäre Relief mit seinen tertiären Ablagerungen vielfach weit über das Meeresniveau empor und bildet hier, durch tiefe, oftmals unter Meeresniveau hinabreichende Rinnen zerschnitten, den Kern der Platten, z. B. der Platte von Lebus, ohne daß zwischen dem präquartären und dem heutigen Relief direkte Beziehungen nachgewiesen werden können. Tertiäre Ablagerungen (pliozäne Kaolinsande, miozäne Sande, Tone und Braunkohlen, oligozäne Septarientone und Glaukonitsande) bilden bei Eisenhüttenstadt unter einer nur geringmächtigen Decke von jungpleistozänen Talsanden die Sohle des Berliner Urstromtales. Neuere Untersuchungen weisen der mittelpleistozänen glazigenen Aufschüttung, insbesondere von Geschiebemergel der Saalekaltzeit, und der vorweichselkaltzeitlichen Reliefgestaltung eine große Bedeutung für das heutige Relief zu. In den größeren und kleinen Hohlformen zwischen und auf den aus pleistozänen Ablagerungen bestehenden Landschaftskomplexen finden sich holozäne Ablagerungen, meist Kalkmudden und Torfe sowie von den Hängen herabgespültes sandiglehmiges Kolluvium, wodurch die ursprünglich tieferen Becken verflacht wurden. Den Boden des Oderbruches bilden spätglaziale Odersande und postglaziale Stauschlicke sowie jungholozäne Torfe. Humose Ablagerungen, insbesondere Torfe, sind in den Talniederungen, besonders im Randowtal, und allen sonstigen Hohlformen, wie z. B. den Söllen und den Kesseln der kuppigen Grundmoräne im Gebiet von Angermünde, weit verbreitet. Ihre Mächtigkeit ist nur gering und übersteigt selten einen Meter.

Diesen lithologischen Gegebenheiten entsprechend, herrschen im Gebiet des Bezirkes Frankfurt Sand- und lehmige Sandböden und lokal auch sandige Lehmböden und Lehmböden vor. In den Niederungen sind sandige und tonige mineralische Naßböden (Sandgleyböden und Schwarzgleyböden) sowie Moorerden (Humusgleyböden), Anmoor- und Niedermoorböden weit verbreitet. Besonders im Oderbruch treten sandige und tonige (Schlick-) Naßböden sowie lokal auch Moorböden, in der Randowniederung Moorböden auf. Auf den weit verbreiteten Decksandbildungen sowie auf den Sander- und Talsandflächen sind die Böden vorwiegend als land- und forstwirtschaftlich geringerwertige Sand-Braunpodsole entwickelt. Auf den Grundmoränenplatten treten, oftmals in engem Wechsel mit jenen, vorwiegend Sandbraunerden und Lehmfahlerden auf, die gute und mittlere Ackerböden darstellen.

Bei trockener Oberfläche in sandigen Gebieten, insbesondere auf den Sanderflächen und hochliegenden Talsandebenen, und flachem Obergrundwasser, besonders in den flachen Senken und Mulden der Grundmoränengebiete, liegt das Grundwasser außerhalb der Niederungen fast allenthalben in mittlerer oder größerer Tiefe, ohne daß hieraus irgendwo besondere Schwierigkeiten für die Wassererschließung erwachsen. In einigen Gebieten, wie vor allem in den uckermärkischen Landschaften, in der Schorfheide sowie im Buckower Hügel- und Kesselland und im Saarower Hügelland, wo ein bewegtes Relief mit größeren Unregelmäßigkeiten in der Lagerung der glazialen Ablagerungen verbunden ist, herrschen lokal stark wechselnde Grundwasserverhältnisse vor. In den flacheren oder tieferen Hohlformen liegt hier das Grundwasser in Oberflächennähe oder tritt gar zutage, insbesondere in allen auf das Niedertauen von Toteisblöcken zurückzuführenden Hohlformen, wie Toteiskesseln, Rinnen und Söllen. Auch in künstlichen Hohlformen, wie in alten Braunkohlengruben sowie in den Kalkbrüchen bei Rüdersdorf, tritt das Grundwasser vielfach zutage. Oberflächennah liegt das Grundwasser in allen Niederungen, besonders in der Randow-Niederung und im Odertal mit Ausnahme seiner hohen Talsandterrassen. Unter starker Durchnässung leiden vor allem die mineralischen Naßböden des Oderbruches. Trotz umfassender Meliorationsmaßnahmen (Verkürzung des Oderlaufes durch den Durchstich am Neuenhagener Sporn, Entwässerungskanäle, Deiche) treten hier sehr häufig Grundwasser- und Hochwasserüberschwemmungen auf, letztere namentlich nach Deichbrüchen bei Eisgang der Oder.

Das Gebiet des Bezirkes Frankfurt gehört klimatisch der Übergangszone zwischen dem westlichen und nordwestlichen, mehr atlantisch beeinflußten und dem östlichen, mehr kontinental beeinflußten Klimabereich Mitteleuropas an. Es wird in seinen südlichen und östlichen Teilen zum Bereich des ostdeutschen Binnenklimas gerechnet, während die Ostbrandenburgische Platte und die sich nordwärts anschließenden Landschaften mit Ausnahme des Odertales zum Mecklenburgisch-Brandenburgischen Übergangsklima gezählt werden. Mit mittleren Julitemperaturen zwischen 17,5 und 18,5 °C gehört der Bezirk Frankfurt zu den wärmsten Gebieten der DDR, mit seinen mittleren Januartemperaturen zwischen −1,0 und 1,5 °C sind die Winter, seiner meerfernen Lage entsprechend, etwas kühler als im Bezirk Potsdam. Die mittleren Jahrestemperaturen schwanken zwischen 7,5 und 8,5 °C. In den Becken treten häufig um 2 und mehr Kelvin tiefere Lufttemperaturen auf als auf den Hochflächen. Im Oderbruch bewirken die durch Ausstrahlung und Kaltluftzufluß von den benachbarten Höhen bedingten Spät- und Frühfröste eine Verkürzung der Vegatationsperiode und eine starke Gefährdung der landwirtschaftlichen Kulturen.

Größere regionale Unterschiede weisen die jährlichen Niederschlagssummen auf. Mit weniger als 500 mm/Jahr stehen sich die Odertalniederungen, vor allem das Oderbruch, und die ihnen benachbarten Gebiete, voran die Platte von Lebus, einerseits und mit über 600 mm/Jahr der Südosten sowie der ganze Norden des Bezirkes, vom Eberswalder Tal ab nordwärts, andererseits gegenüber. Mit einer Jahressumme der Niederschläge von 470 bis 550 mm, die lokal allerdings starken Schwankungen unterworfen sind, ist das mittlere und untere Odertal, insbesondere das Oderbruch, eine der niederschlagsärmsten Landschaften der DDR. Das gesamte Gebiet des Oderbruches und der etwas kühlere Norden des Bezirkes sind auffallend nebelreich.

Den klimatischen Bedingungen entspricht eine Verzögerung der phänologischen Daten von Süden nach Norden, aus der lediglich die etwas wärmeren Landschaften der Ostbrandenburgischen Platte mit etwas früheren Daten sowie das untere Odertal und das Saarower Hügelland mit etwas späteren Daten herausfallen. Im allgemeinen verzögern sich die Apfelblüte im Gebiet des Bezirkes Frankfurt vom 5./6. bis 12. Mai im Süden auf den 10. bis 17. Mai im Norden und die Winterroggenernte vom 13. bis 20. Juli im Süden auf den 20. bis 26. Juli im Norden um jeweils 5 bis 7 Tage.

Entsprechend der Übergangsstellung des Klimas treffen im Bezirk Frankfurt, insbesondere im Bereich des Odertales, Florenelemente des kontinentalen Ostens und des maritimen Westens aufeinander. Berühmt sind die Vorkommen subkontinentaler (pontischer) Waldsteppen- und Steppenflorenelemente an den südexponierten Steilhängen des Oderbruches. Das heutige Vegetationsbild ist durch das Vorherrschen von Kiefernwäldern und Kiefernforsten auf sandigen und trocknen Standorten, von Ackerfluren in Wechsel mit Waldparzellen auf allen besseren, insbesondere sandiglehmigen und lehmigen Böden, besonders auf den Platten, aber auch in den Hügel- und Niederungsbereichen, sowie von Grünland und, besonders im Oderbruch, Ackerflächen in den Niederungen bestimmt. Die genannten Vegetationsareale bilden im Gebiet des Bezirkes Frankfurt ein buntes Mosaik. Es ist durch den Bestand ausgedehnter Kiefernwälder (sogenannter Heiden) namentlich auf den weiten Sanderflächen und Talsandebenen einerseits und einen bunten Wechsel von Wald, Feld und Wiese in den Grundmoränenbereichen andererseits bestimmt. Ihnen stehen die heute fast waldfreien agrarisch genutzten Niederungsflächen des Oderbruches gegenüber. Von der natürlichen Vegetation sind nur Relikte erhalten. Anstelle der heute vorherrschenden Kiefernwälder und Kiefernforsten bedeckten einst weithin Traubeneichen-Wälder, auf den besseren Standorten im feuchten Norden des Bezirkes Buchen-Traubeneichen-Wälder das Land; auf den sandigen Standorten, insbesondere

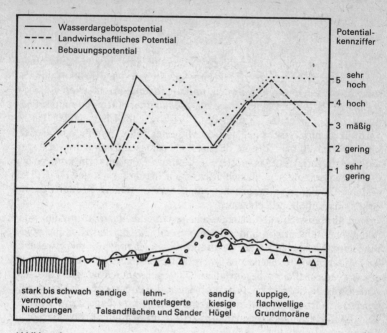

Abbildung 2
Potentialkennzeichnung der Naturraumtypen in der Stadt-Umland-Region
Berlin (nach O. BAUME 1986)

der Sanderflächen und Talsandebenen, aber auch auf den ausgedehnten Decksandgebieten im südlichen Teil des Bezirkes, waren Kiefern-Mischwälder verbreitet. In den westlichen Teilen des Bezirkes traten auf feuchteren Standorten Stieleichen-Wälder auf. Die feuchten Talniederungen trugen Auenwälder, im unteren Odertal und in der Randowniederung waren Erlenbrüche verbreitet. Im Bereich stehender Feuchtigkeit finden sich, besonders im Gebiet der ostbrandenburgischen Heiden und Seen, Flach- und lokal auch Hochmoore. Noch heute säumen hier im Gebiet der Mecklenburgisch-Brandenburgischen Seenplatte Schilfsümpfe die offenen Wasserflächen der Seen.

Das heutige Landschaftsbild wird durch einen häufigen Wechsel von Wäldern und Forsten, Ackerfluren und Grünflächen sowie Seen bestimmt. Deren Verbreitung steht im engen Zusammenhang mit den Reliefformen und der lokalen Naturausstattung der einzelnen Naturräume (Abb. 2). Die Bewertung der lokalen Naturausstattung ist eine wesentliche Bedingung für die unterschiedliche, effektive Bodennutzung, die ihrerseits die großen Unterschiede der Landschaftsstruktur und durch ihr vielfach mosaikartiges Gefüge miteinander das stellenweise sehr abwechslungsreiche Landschaftsbild bedingt.

Besonderheiten der historisch-geographischen Entwicklung bis 1945

Die heutige Territorialstruktur und die uns umgebende Kulturlandschaft stehen am Ende einer vielhundertjährigen Entwicklung, die weit in die frühgeschichtliche Zeit hineinreicht. Allein der Umstand, daß rund die Hälfte aller Orts- und Landschaftsnamen im Bezirk slawischen Ursprungs ist und nach neueren Erkenntnissen (HERRMANN 1985) eine Reihe geographischer Namen in unserem Gebiet sich auf eine germanische Wurzel (Dahme, Finow, Spree), ja auf vorgermanischen und somit indoeuropäischen Ursprung zurückführen lassen (Neiße, Oder), beweisen dies.

In besonderem Maße natürlich ist die Entwicklung der Kulturlandschaft in historischer Zeit geprägt worden, die in unserem Gebiet weitgehend mit der deutschen Ostexpansion einsetzt.

Zwischen dem 6. und 12. Jahrhundert waren Ackerbau und Viehzucht, in geringerem Maße auch Fischerei, Jagd und Zeidlerei Grundlage der Wirtschaft, die freilich den natürlichen Waldbestand mittels Brandrodung nur in begrenztem Maße zurückgedrängt bzw. verändert hatte (Viehverbiß, Holznutzung). Holz wurde insbesondere für den Bau der Dörfer und Burgen, so des überregionalen Zentrums Lebus, bzw. als Heizmaterial benötigt. Holz war im übrigen der zumeist benutzte Rohstoff für die wahrscheinlich nur schwach ausgeprägte gewerbliche Produktion in slawischer Zeit. Die Siedlungsstruktur wurde entsprechend der vorherrschenden Landwirtschaft eindeutig durch Dörfer bestimmt, deren Häuser aus Holz gebaut waren. Diese Dörfer wurden bevorzugt an der Grenzlinie verschiedener Naturlandschaften, vor allem zwischen Grundmoränenplatten und Niederungen sowie in Talauen angelegt, wobei Bäche, Flüsse und Seen für die Trinkwasserbeschaffung gern genutzt wurden. Auch Halbinseln und Landzungen wurden ihrer Schutzfunktion wegen bevorzugt für die Platzwahl ausgesucht. Ende des 7. und im 8. Jahrhundert wurde mit dem Bau von Burgen und befestigten Adelssitzen begonnen. Solche Burgenorte wurden für den Zeitraum um 1000 erwähnt – Lubus, Platcow, Poncin, Chinetz und Bucowe im Siedlungsgebiet der Lebuser sowie Copnic (Berlin) im Siedlungsgebiet der Spreewanen. Wichtigster Stammesmittelpunkt war die für das 8./9. Jahrhundert belegte Burg Lebus an der mittleren Oder, die die hervorragende natürliche Gunst auf den steil aufragenden Bergen am linken Oderufer nutzte; stadtähnliche Siedlungen entstanden nur an wenigen Plätzen, die sich durch besonders günstige politische, ökonomische und geographische Bedingungen auszeichneten. Der mit Abstand wichtigste Platz dieser Art Lebus bildete sich an der mittleren Oder heraus.

Von nachhaltigem Einfluß auf die Kulturlandschaft war – wie bereits erwähnt – die deutsche Ostexpansion. Der Feudaladel in dem im 10. Jahrhundert entstandenen frühfeudalen deutschen Staat suchte sich durch territoriale Expansion im Osten zu bereichern. Dabei sahen sich die slawischen Stämme zwischen Elbe und Oder im Norden, Osten und Südosten auch den sich entwickelnden dänischen, polnischen und tschechischen Feudalstaaten gegenüber. Die mit Schwert und Kreuz vorgetragene deutsche Ostexpansion traf auf den erbitterten und teilweise sehr erfolgreichen Widerstand der slawischen Stämme. Nachdem ALBRECHT DER BÄR aus dem Geschlecht der Askanier 1157 die Brandenburg endgültig erobert und damit auch das Havelland und die Zauche unter seinen Einfluß gebracht hatte, zielte die weitere Expansion nach Nordosten, wo 1214 die Festung Oderberg angelegt worden war. Um 1230 waren dann auch Barnim und Teltow in der Hand der askanischen Markgrafen, wenig später die Uckermark. In der Mitte des 13. Jahrhunderts gerieten Teile des strategisch und wirtschaftlich wichtigen Landes Lebus (1287 auch die restlichen Gebiete) unter brandenburgische Herrschaft, wo bereits im ersten Drittel des 12. Jahrhunderts ein polnisches Bistum im Rahmen der polnischen Expansionpolitik errichtet worden war. Die so begründete Mark Brandenburg wurde nun zum Ziel vieler deutscher und niederländischer Einwanderer. Die Besiedlung und auch weitgehende Rodung der bis dahin bevölkerungsarmen, ja leeren Grundmoränenplatten spiegelt sich in den vielen planmäßig angelegten Straßen- und Angerdörfern wider, deren deutsche Namen noch heute die Herkunft ihrer bäuerlichen Bewohner verraten. Daneben bestanden aber auch die slawischen Weiler weiter, die freilich schrittweise mit dem Zuzug von deutschen Zuwanderern eine wirtschaftliche Umstrukturierung erfuhren. Die bis zum Ende des 18. Jahrhunderts vorherrschende Dreifelderwirtschaft war getreidewirtschaftlich orientiert, so daß die Viehhaltung zurücktrat und im Bild der Dörfer die Stallungen eine untergeordnete Bedeutung besaßen. Der sich aus der Dreifelderwirtschaft ergebende Flurzwang verhinderte auch für Jahrhunderte die Entwicklung eines ländlichen Wegenetzes im heutigen Sinne. Die deutsche Ostexpansion führte zugleich zur Gründung einer Vielzahl von Städten, die ein wichtiges Element der sich herausbildenden Siedlungsstruktur wurden. Fast alle Städte der Gegenwart des Bezirkes sind mittelalterlichen Ursprungs und in relativ kurzer Zeitfolge gegründet worden. Als Standorte des Handels, Handwerks und Gewerbes waren sie damals wie heute wichtige zentrale Orte, die durch das weitmaschige Netz weniger Handelsstraßen miteinander verbunden waren. Vorhandene Burganlagen waren in einer Reihe von Fällen Standorte der landesherrlichen Macht. Diese Städte wurden oft neben bereits bestehenden slawischen Siedlungen angelegt, deren Bewohner bald in Abhängigkeit der deutschen Einwanderer gerieten. Für die Standortwahl spielten die Grenzlinien verschiedener Naturräume, z. B. zwischen Grundmoränenplatten und Niederungen, sowie verkehrsgeographisch und auch militärisch wichtige Plätze eine Rolle. Zum Siedlungsnetz gehörte schließlich eine Reihe von Klöstern, so z. B. das Zisterzienserkloster Chorin. Die Zisterzienser trugen getreu ihrem Grundsatz „ora et labora" in bemerkenswertem Maße zum Landausbau bei. Dies traf gleichermaßen für den Feldbau wie für die Anlage von Weinbergen und von Fischteichen zu.

Das Feld-Waldverhältnis wurde also für beinahe ein halbes Jahrtausend im wesentlichen durch die mittelalterlichen Rodungen auf den Grundmoränenflächen (z. B. Uckermark, Barnim, Land Lebus, Beeskower Platte), den verbleibenden Waldbeständen auf den Talsand- und Sanderflächen (z. B. Schorfheide, Eberswalder und Berliner Urstromtal, Lieberoser Sander) sowie im Bereich der Endmoränen (Choriner Stadium, Frankfurter Staffel) bestimmt. Freilich sorgten das Herausschlagen begehrter Hölzer wie Eiche und Buche sowie auch die Waldweide für eine Verarmung der natürlichen Bestände, die schließlich durch rücksichtslose Bau- und Brennholzgewinnung überhaupt stark dezimiert und degradiert wurden, so daß sich die Wälder zu Beginn des 19. Jahrhunderts in einem erbärmlichen Zustand befanden.

Bis zu den großen landeskulturellen Meliorationsmaßnahmen des 18. Jahrhunderts waren zudem die Niederungslandschaften von dichten Wäldern bedeckt, u. a. das Oderbruch von einem Eichen-Auenwald, dessen Reste heute noch südlich von Frankfurt studiert werden können. Frühe waldschützende Bestimmungen der Landesherren, um ihre bevorzugten Waldreviere für die Jagd zu erhalten, boten der Schorfheide besondere Entwicklungs- und Schutzbedingungen.

Für die städtischen Siedlungen war typisch, daß die bis zum Beginn des 19. Jahrhunderts im allgemeinen nicht über ihre mittelalterlichen Stadtbefestigungen hinauswuchsen und in ihrem Aufriß durch das Nebeneinander hervorragender Sakral- und Profanbauten (Pfarrkirche, Rathaus, Torbauten) einerseits und den sich hinter der Mauer duckenden ein- oder zweigeschossigen Wohnhäusern andererseits gekennzeichnet waren. Das ländliche Siedlungsbild wurde bis 1945 bestimmt durch die Veränderungen, die die sich herausbildende Gutsherrschaft seit dem 16. Jahrhundert mit ihren Herrenhäusern, Parks, Vorwerken, teilweise auch Verarbeitungsbetrieben (z. B. Schnaps- und Zuckerfabriken seit dem 19. Jahrhundert) sowie Schnitterkasernen und Landarbeiterhäusern mit sich gebracht hatte. Nach rund 200jähriger askanischer Herrschaft (1134 bis 1320) und kurzer Regentschaft der Wittelsbacher (1322 bis 1373) und der Luxemburger (1373 bis 1415) übertrug König SIGISMUND dem Burggrafen FRIED-

RICH VI. VON NÜRNBERG die Mark Brandenburg, der damit die Herrschaft der Hohenzollern einleitete, die bis 1918 reichen sollte. Der politische und ökonomische Aufstieg in der zweiten Hälfte des 17. Jahrhunderts wurde zur Voraussetzung für die Entwicklung der Machtstellung Brandenburg-Preußens im 18. Jahrhundert. Da der brandenburgische Staat Gebiete unterschiedlicher ökonomischer Struktur mit langen und schwer zu schützenden Grenzen besaß, waren seine Monarchen ständig an der Abrundung und Verbindung seiner verstreut liegenden Landesteile und deren Vergrößerung bemüht; ein Ziel, das sie durch Aufbau und Ausbau einer großen, schlagkräftigen, gut ausgebildeten und disziplinierten Armee zu erreichen suchten. So wurde Brandenburg zum Ausgangsland eines Militarismus, der sich im späteren Preußen und Deutschland weiterentwickelte und folgenschwere Auswirkungen für das eigene Land und die Nachbarstaaten, für deren Bevölkerung und Wirtschaft haben sollte. Dem brandenburgisch-preußischen Absolutismus entsprach lange Zeit eine merkantilistische Wirtschaftspolitik, die eine Zentralisierung der Staatsverwaltung verlangte, die mit einer strengen Sparsamkeit und Genügsamkeit für seine Bewohner verbunden war und durch wirtschaftspolitische Maßnahmen den Staat stärken sollte. Eine weitsichtige Einwanderungspolitik gegenüber politisch und religiös Verfolgten (Refugiés aus Frankreich), die vielseitige Arbeitserfahrungen mitbrachten, unterstützten diese Entwicklung, die sich im Aufbau von Manufakturen, aber auch in der Erweiterung landwirtschaftlicher Kulturen (Tabakanbau im Raum Schwedt-Vierraden, Maulbeerbaumanbau entlang des Friedrich-Wilhelm-Kanals) und nicht zuletzt in der Trockenlegung und Melioration des Oderbruches niederschlug. Eine sorgfältige Kontrolle des Staates über Handwerk und Zünfte war verbunden mit einer Verbesserung der Stellung der Handwerksmeister, deren Betriebe ebenfalls der merkantilistischen Wirtschaftspolitik untergeordnet wurden. Besonders wurden jene Manufakturen und Gewerbezweige gefördert, die der Armee und dem höfischen Leben dienten. In diesem Zusammenhang entwickelte sich z. B. Eberswalde und seine Umgebung im Urstromtal auf der Basis örtlicher Raseneisenerze und des umfangreichen Holzkohleaufkommens zu einem Zentrum der Metallherstellung und -verarbeitung, zum „Märkischen Wuppertal". Frankfurt (Oder) wurde auf der Grundlage der eingeführten Seidenraupenzucht zu einem Standort der Seidenproduktion.

Die Rangerhöhungen des benachbarten Sachsens und Hannovers drängten den brandenburgischen Kurfürsten FRIEDRICH III. danach, seinen Staat zum Königreich zu erheben. Am 18. Januar 1701 wurde er in Königsberg, der Hauptstadt des Herzogtums Preußen, zum „König in Preußen" gekrönt. Die Mark Brandenburg wurde Kern und Bestandteil des preußisch-brandenburgischen Militär- und Beamtenstaates, dem alle Bereiche des kommunalen Lebens untergeordnet wurden. „Andere Staaten besitzen eine Armee, Preußen ist eine Armee, die einen Staat besitzt" (MIRABEAU). Fast alle größeren Städte des Landes erhielten in der Folgezeit eine Garnison, so Frankfurt (Oder), Eberswalde, Fürstenwalde, Beeskow u. a.

Im Schoße des Feudalismus reiften Ende des 18. Jahrhunderts jene kapitalistischen Produktivkräfte heran, die sich im 19. Jahrhundert entfalten konnten und die Wirtschaftsstruktur des heutigen Bezirkes nachhaltig beeinflußten. „Innerlich verfault und unfähig, sich selbst zu reformieren, brach der preußische Staat unter den Schlägen des französischen Eroberers rettungslos zusammen" (Franz Mehring).

Zu Beginn des 19. Jahrhunderts hatte sich ein Feld-Wald-Verhältnis herausgebildet, das auf die Nutzungsmöglichkeiten der natürlichen Voraussetzungen Bezug nahm und den heutigen Verhältnissen angenähert war. Der zunehmende Holzbedarf der sich herausbildenden kapitalistischen Gesellschaft führte zu einer auf Profit ausgerichteten Forstwirtschaft, deren wissenschaftliche Grundlagen in Eberswalde erarbeitet worden waren, und die auf den Talsand- und Sandergebieten zur Anlage ausgedehnter Kiefernmonokulturen führte (Kahlschlagwirtschaft), während sich in den Endmoränengebieten ein artenreicher Mischwald behauptete, der örtlich auch differenzierteren Nutzungsmethoden (Überhälterwirtschaft, Plänter- und Femelwirtschaft) unterlag. Die Grundmoränenplatten wurden seit Ende des 18. Jahrhunderts durch eine verbesserte Dreifelderwirtschaft genutzt, d. h. an die Stelle der Brache trat der Anbau von Futterpflanzen wie Klee und Luzerne. Seit Anfang des 19. Jahrhunderts setzte sich nach englischem Vorbild die Fruchtwechselwirtschaft durch, die vor allem durch den zusätzlichen Anbau von Kartoffeln, Futter- und Zuckerrüben bestimmt wurde. Der Wegfall des Flurzwangs führte zur Herausbildung eines ländlichen Wegnetzes, das dem heutigen angenähert ist. Der verstärkte Futterpflanzenanbau, die Möglichkeiten, die ausgedehnten und inzwischen meliorierten Niederungsgebiete des Berliner und Eberswalder Urstromtales, soweit diese grundwasserbeeinflußte Areale aufwiesen, grünlandwirtschaftlich zu nutzen, und vor allem die verstärkte Nachfrage nach viehwirtschaftlichen Produkten beförderte die Viehhaltung, deren Bedeutung innerhalb der Landwirtschaft immer größer wurde. Im ländlichen Siedlungsbild spiegelte sich dies in der Zunahme der Stallanlagen wider. Die Melioration des Oderbruches und die sich bald herausstellenden Erfahrungen, mit den „Stundenböden" dieser einzigartigen Niederungslandschaft umzugehen, ließen dieses Gebiet zu einem bevorzugten Anbaugebiet für Zuckerrüben und Weizen werden. Die Einführung bzw. Übernahme holländischer Nutzungsmethoden bot die Möglichkeit, Teile des Oderbruches zu einem Gemüsegarten der inzwischen zur Hauptstadt des Deutschen Reiches herangewachsenen Stadt Berlin zu machen, zumal die inzwischen gebaute „Oderbruchbahn" von Wriezen nach Fürstenwalde einen schnellen und zusätzlichen Transport in die „Reichshauptstadt" ermöglichte.

Die kapitalistische Entwicklung führte schließlich und vor allem zur Industrialisierung. Die Herausbildung des Ballungsgebietes Berlin bezog einen Teil des Territoriums des heutigen Bezirkes Frankfurt in die Ballungsrandzone ein, wo sich in einem großen Kranz von Strausberg und Bernau im Nordosten über Rüdersdorf, Fürstenwalde, Erkner im Osten bis nach Beeskow im Südosten Standorte der Grundstoffindustrie, u. a. der chemischen Industrie, des Maschinenbaus, der Leicht- und Textilindustrie sowie der Lebensmittelindustrie ansiedelten, die die hier vorhandenen Vorteile des Ballungsrandgebietes (billige Arbeitskräfte, niedrige Bodenpreise, Fühlungsvorteile zu Standorten im Ballungsfeld) im Sinne einer Profitmaximierung nutzten. Darüber wurde eine Reihe von Mittel- und Kleinstädten zu Ansatzpunkten einer lokalen Industrialisierung. Die Manufakturen im Bereich der Eberswalder Pforte weiteten sich zu bemerkenswerten Standorten des Maschinenbaus aus. Frankfurt (Oder) wurde Standort der chemischen Industrie, der Leicht- und Lebensmittelindustrie. Besonders die Leicht- und Lebensmittelindustrie auf der Basis der Rohstofflieferungen der Land- und Forstwirtschaft wurden typische Produktionsbereiche. Diese Entwicklung wurde begünstigt durch das Entstehen leistungsfähiger Verkehrsstrassen, die vom Ballungsgebiet Berlin radial in alle Himmelsrichtungen, also auch in den heutigen Bezirk Frankfurt, abstrahlten. Dazu gehörten die seit Beginn des 19. Jahrhunderts entstandenen Chausseen, die in unserem Jahrhundert zu leistungsfähigen Fernverkehrsstraßen ausgebaut worden sind und in den 30er Jahren durch wichtige Autobahnverbindungen (Berliner Ring, Berlin–Frankfurt, Berlin–Prenzlau) ergänzt worden sind. Berlin entwickelte sich in der zweiten Hälfte des 19. Jahrhunderts zum wichtigsten Eisenbahnknotenpunkt Deutschlands, dessen 11 Radiallinien teilweise das Territorium des heutigen Bezirkes durchziehen. Schließlich wurde die Industrialisierung begünstigt durch ein bereits im 17. und 18. Jahrhundert angelegtes (Finowkanal, Friedrich-Wilhelm-Kanal) und im 19. und 20. Jahrhundert ausgebautes Kanalsystem (Spree-Oder-Wasserstraße, Havel-Oder-Wasserstraße), das die vorhandenen und für die Schiffahrt ausgebauten Flüsse Oder, Spree und Havel zu einem märkischen Wasserstraßennetz vereinigte.

Frankfurt (Oder), die einstmals blühende Hanse- und Messestadt, Sitz einer weithin bekannten Universität Viadrina, die man ihr aus landespolitischem Ermessen nahm, war am Ende der kapitalistischen Zeit zu einer industriearmen Garnison- und Beamtenstadt geworden (oder herabgesunken), Verwaltungssitz des gleichnamigen Regierungsbezirkes, die erst in sozialistischer Zeit erneut große Bedeutung gewann.

Ökonomisch-geographische Übersicht

Der Bezirk Frankfurt, der im Rahmen der Verwaltungsreform 1952 aus den östlichen Teilen des nach dem Kriege gebildeten Landes Brandenburg geschaffen worden war, umfaßt eine Fläche von 7 186 km², das sind 6,6 Prozent des Territoriums der DDR. Im Jahre 1985 lebten hier 707 000 Menschen, das sind 4,2 Prozent der gesamten Wohnbevölkerung der Republik. Die durchschnittliche Bevölkerungsdichte liegt bei 98 Einwohnern je km² (DDR = 154 Ew./km²). Der Bezirk weist damit im Verhältnis zu anderen Teilen der Republik eine durchschnittlich geringe Bevölkerungsdichte auf, die nur noch in den Bezirken Neubrandenburg, Schwerin und Potsdam unterboten wird. Sieht man von den Stadtkreisen Frankfurt, Eisenhüttenstadt und Schwedt ab, so konzentriert sich die Bevölkerung im Berliner Randgebiet sowie im Bereich des alten Industriegebietes der Eberswalder Pforte, während die überwiegend agrarisch strukturierten Kreise dünn bevölkert sind.

Der Bezirk Frankfurt ist heute ein Industrie-Agrarbezirk. Rund zwei Drittel des Bruttoprodukts werden von der Industrie erzeugt, in der (einschließlich produzierendes Handwerk und Bauwirtschaft) über 40 Prozent der Berufstätigen arbeiten. Etwa 16 Prozent der Werktätigen arbeiten in der Land- und Forstwirtschaft, die wichtige Bereiche der Wirtschaft sind. Beinahe 44 Prozent der Berufstätigen sind in den Dienstleistungen (einschließlich Verkehr, Post, Handel u. ä.) beschäftigt.

Mit einem Anteil von 5,6 Prozent an der gesamten industriellen Bruttoproduktion der Republik nimmt der Bezirk zusammen mit der Hauptstadt Berlin den achten Platz in der Industrieproduktion vor den Bezirken Neubrandenburg, Schwerin, Rostock, Suhl, Gera und Potsdam ein.

Demnach sind die Metallurgie (besonders die Eisenmetallurgie) und die chemische Industrie für das Gesamtindustriepotential der Republik von besonderem Gewicht.

Unter sozialistischen Produktionsverhältnissen sind in den ehemals rückständigen, ausgesprochen agrarisch strukturierten ostbrandenburgischen Gebieten, für die große Rittergüter mit junkerlichen Schlössern und

Kreis	Fläche (km²)	Wohnbevölkerung	Bevölkerungsdichte (Ew./km²)
Landkreis			
Angermünde	915	35288	39
Bad Freienwalde	588	37610	64
Beeskow	941	36177	38
Bernau	758	73362	97
Eberswalde	714	82227	115
Eisenhüttenstadt	537	20586	38
Fürstenwalde	924	105382	114
Seelow	842	40170	48
Strausberg	689	90261	131
Stadtkreis			
Eisenhüttenstadt	54	48810	904
Frankfurt (Oder)	148	85593	578
Schwedt	76	61634	679
Bezirk Frankfurt	7186	707100	98

Tabelle 1
Fläche, Wohnbevölkerung und Bevölkerungsdichte 1985

Tagelöhnerkaten typisch waren, völlig neue Industrien entstanden, und auch die Landwirtschaft hat einen grundlegenden Wandel erfahren. Durch die demokratische Bodenreform erhielten 11670 Landarbeiter und Kleinbauern 138200 ha Junkerland. Enteignet wurde u. a. der Besitz der Fürstin LYNAR, Gräfin VON REEDERN in Görlsdorf-Greiffenberg (Kr. Angermünde, 13058 ha), des Grafen VON HARDENBERG, heute Marxwalde (Kreis Seelow, 7026 ha) und des Barons VON BETHMANN HOLLWEG in Hohenfinow (Kreis Eberswalde, 1957 ha). 1946 wurden zugleich kapitalistische Industriebetriebe enteignet, so z. B. die Ardelt Werke (heute VEB Kranbau Eberswalde), Pintsch-KG (heute VEB Chemie- und Tankanlagenbau Fürstenwalde), DEKA Reifenwerk Ketschendorf (heute Stammbetrieb des VEB Reifenkombinates Fürstenwalde), das Werk Franz Seifert (heute VEB Rohrleitungsbau Eberswalde-Finow) oder die Firma Louis Bergemann u. Söhne (heute VEB Holzverarbeitungswerk Klosterfelde).

Heute erbringt innerhalb der Industriestruktur des Bezirkes die chemische Industrie rund ein Drittel des Produktionswertes. Das 1960 errichtete Erdölverarbeitungswerk als Stammbetrieb des Petrolchemischen Kombinates in Schwedt besitzt dabei besondere Bedeutung. In Fürstenwalde arbeitet das größte Reifenwerk der DDR, das durch ein modernes Kord-

Industriebereich	Anteil des Bezirkes an der intustriellen Bruttoproduktion der DDR je Industriebereich	Anteil der Industriebereiche an der industriellen Bruttoproduktion des Bezirkes
Energie- und Brennstoffindustrie	1,9	3,8
Chemische Industrie	11,8	32,8
Metallurgie	20,3	28,6
Baumaterialien-industrie	7,1	2,2
Wasserwirtschaft	3,6	0,4
Maschinen- und Fahrzeugbau	1,6	6,5
Elektrotechnik/ Elektronik/Gerätebau	3,3	6,8
Leichtindustrie (ohne Textilindustrie)	4,3	7,5
Textilindustrie	–	–
Lebensmittelindustrie	4,5	11,3
Industrie insgesamt	5,6	100,0

Tabelle 2
Anteil an der industriellen Bruttoproduktion 1985 in Prozent

und Radialreifenwerk innerhalb des Kombinates in dieser Stadt komplettiert worden ist. Mit dem Ausbau der vorhandenen Anlagen und dem Neubau weiterer Kapazitäten, so z. B. der Plastindustrie im Raum Erkner, nimmt die chemische Industrie den zweiten Platz im DDR-Maßstab ein.

Der zweite Bereich, der die Industriestruktur mit beinahe ebenfalls einem Drittel des erzeugten Wertes bestimmt, ist die Metallurgie. 1950 begann der Aufbau des Eisenhüttenkombinates Ost, das in der Folgezeit durch ein Kaltwalzwerk und 1984 durch ein Konverterstahlwerk ergänzt wurde. Anfang der 90er Jahre soll ein Warmwalzwerk gebaut werden. Das EKO, das einen beispielhaften Ausdruck der Einbindung der DDR in den RGW darstellt, ist als Stammbetrieb des VEB Bandstahlkombinat „Hermann Matern" eines der wichtigsten metallurgischen Zentren der DDR. Weitere Standorte dieses Bereiches sind die Gießereien in Eberswalde und Fürstenwalde sowie das Walzwerk Eberswalde-Finow.

Nach der traditionellen Lebensmittelindustrie spielen vor allem die Bereiche Elektrotechnik/Elektronik sowie der Maschinen- und Fahrzeugbau durch ihre Qualitätsproduktion eine große Rolle. Der wichtigste Betrieb des Bereiches Elektrotechnik/Elektronik ist das seit 1958 erbaute

Halbleiterwerk Frankfurt (Oder)-Markendorf, heute Betrieb des Kombinates Mikroelektronik. Von den 8000 Beschäftigten werden heute hoch- und höchstintegrierte Bauelemente hergestellt. Mit diesem Betrieb entwickelte sich die Bezirksstadt zu einem der wichtigsten Zentren der Elektronik in der DDR.

Durch Aus- und Aufbau entstanden auch wichtige Kapazitäten im Chemie- und Tankanlagenbau Fürstenwalde sowie im Kranbau Eberswalde.

Von Wichtigkeit ist auch die Baumaterialien- sowie Bauindustrie. Rüdersdorf ist mit seinen Zementwerken ein wichtiger Baustoffproduzent. In Eisenhüttenstadt entstand ein Hüttenzementwerk. Plattenwerke wurden in Schwedt, Eisenhüttenstadt, Eberswalde und Herzfelde erbaut. Wriezen ist Standort für ein auf Landbau spezialisiertes Betonwerk. Umfangreiche Kiesvorkommen werden für die Bauindustrie in Oderberg/Bralitz und in Vogelsang abgebaut. In Herzfelde arbeiten Betriebe der Ziegelindustrie. Ein modernes Werk für Zuschlagstoffe entstand in Hohensaaten. In Beeskow entstand ein Spanplattenwerk, in Bernau ein Schichtpreßstoffwerk.

Die traditionellen Standorte der Leichtindustrie wurden u. a. ergänzt durch den Neubau der Papier- und Kartonwerke sowie einer Schuhfabrik in Schwedt. Joachimsthal ist heute Standort eines modernen Schnittholzkombinates. Moderne Backwarenkombinate entstanden in Frankfurt (Oder), Eisenhüttenstadt, Schwedt, Fürstenwalde, Bernau, Fleischkombinate in Eisenhüttenstadt und Eberswalde sowie Getränkekombinate in Frankfurt (Oder) und Eberswalde.

Im Vordergrund der wirtschaftlichen Tätigkeit im Bezirk stehen also jene Bereiche, die in Durchführung der Beschlüsse des XI. Parteitages und des Gesetzes über den Fünfjahrplan 1986 bis 1990 das Tempo des Leistungsanstieges bestimmen und die für die Entwicklung bzw. Anwendung der Schlüsseltechnologien im volkswirtschaftlichen Maßstab besondere Bedeutung haben. Dies sind u. a.

– Entwicklung, Produktion und Anwendung der Mikroelektronik,
– weitere Vertiefung der Prozesse der Veredelung in den Betrieben der chemischen Industrie,
– weitere Entwicklung des Eisenhüttenkombinates Ost zum Zentrum der Veredelungsmetallurgie der DDR,
– beschleunigtes Wachstum der Leistung und Effektivität in den Kombinaten der bezirksgeleiteten Industrie,
– wesentliche Erhöhung der Effektivität der Investitionen und der Leistungsfähigkeit des Bauwesens und
– weitere intensive Entwicklung der sozialistischen Landwirtschaft zum Zweig angewandter Wissenschaft.

Das Profil der bezirksgeleiteten Industrie wurde auf die Fertigung von temperaturgeregelten Lötgeräten, Geräten der Schweißtechnik, Lautsprechern in Hi-Fi-Qualität, Klebepistolen, Lederwaren, Booten, Leitern, Parkett, Fenstern, Türen, Kleinmöbeln, Korbmöbeln sowie Korb- und Flechtwaren orientiert.

Die Agrarproduktion stützt sich auf eine landwirtschaftliche Nutzfläche von 353 645 ha (1985), Forsten und Holzungen nehmen eine Fläche von 255 862 ha, Gewässer 24 679 ha ein. Damit ist der Bezirk nicht nur reich an Wäldern, sondern auch an Gewässern. Diese haben in und am Rande der Schorfheide, in der Märkischen Schweiz, im Norden, Osten und besonders Südosten von Berlin (Raum Wandlitz–Lanke–Biesenthal, Grünheider Seengebiet, Scharmützelsee) sowie im Schlaubetal die Herausbildung überaus wertvoller und gern aufgesuchter Erholungsgebiete begünstigt.

Innerhalb der landwirtschaftlichen Nutzfläche nimmt das Ackerland 297 466 ha ein. Auffallend gering ist die Fläche der Weiden und Wiesen mit 45 083 ha, so daß die Viehhaltung auf einen ausgedehnten Feldfutterbau angewiesen ist. Ähnlich wie in den Nachbarbezirken Cottbus und Potsdam herrschen nährstoffarme Sandböden vor, die für den Anbau anspruchsloser Kulturpflanzen (Roggen, Lupine, Hafer, Kartoffel usw.) genutzt werden. Lehmböden, die für die Kultivierung von Weizen und Zuckerrüben gut geeignet sind, kommen nur in geringem Maße vor, insbesondere in der Uckermark sowie teilweise auch auf dem Barnim und bei Lebus. Während Moorböden in begrenztem Umfang in den Niederungsgebieten auftreten und als natürliches Grünland genutzt werden, überwiegen im Oderbruch „schwere" Tonböden, auf denen bei geeigneter Bodenbearbeitung anspruchsvolle Kulturen (Weizen und Zuckerrüben) angebaut werden.

Die Hauptaufgabe der landwirtschaftlichen Produktion besteht in den kommenden Jahren darin, im Feldbau und in der Viehhaltung das Niveau der fortgeschrittenen Bezirke zu erreichen. Diesem Ziel dienen und dienten u. a. komplexe Meliorationsvorhaben im Oderbruch, Gartzer Bruch

Tabelle 3
Viehbestand und Viehbesatz 1985

	Viehbestand	Viehbesatz je 100	ha LN
	des Bezirkes	Bezirk Frankfurt	DDR-Durchschnitt
Rinder	278457	78,7	93,6
davon Kühe	97891	27,7	33,2
Schweine	916484	259,2	208,0
Schafe	135302	38,3	41,6
Pferde	7157	2,0	1,7
Legehennen	1998593	565,1	404,2

und in der Niederung des Tergelgrabens sowie der Bau des Großklärwerkes Ost im Randgebiet der Hauptstadt.

Mit dem Aufbau horizontaler und vertikaler Kooperationsketten und durch die Anwendung der Erkenntnisse des wissenschaftich-technischen Fortschrittes wurde auch in der Landwirtschaft des Bezirkes Frankfurt eine industriemäßige Produktion organisiert. So entstanden im Raum Eberswalde eine Mastschweingroßanlage zur Aufzucht von Schweinen, die jährlich 100 000 Mastschweine und daneben 70 000 Läufer liefert, und eine Legehybriden-Zuchtanlage für jährlich 8 Mill. Legehennenküken in Spreehagen (Kreis Fürstenwalde). Im Entenkombinat Wriezen werden zur Zeit 800 000 Mastenten jährlich erzeugt. Eine Kälbermastanlage in Herzfelde (Kreis Fürstenwalde) wurde gebaut. Storkow ist heute Standort eines großen Geflügelschlachtbetriebes. In den rund 500 Seen des Bezirkes wird heute von der ZBF Satzfischproduktion Frankfurt (Oder) und den acht Genossenschaften eine intensive Fischereiwirtschaft mit dem Ziel eines erhöhten Aufkommens vor allem an Karpfen und Forellen betrieben. Die Erhöhung der landwirtschaftlichen Produktion kommt nicht nur der Bevölkerung des Bezirkes zugute, sondern auch der Hauptstadt Berlin, deren Frischgemüsebedarf bereits traditionell seit Jahrzehnten zu einem bemerkenswerten Teil aus dem Oderbezirk, u. a. aus dem Oderbruch, gedeckt wird.

Die Industrie des Bezirkes konzentriert sich einmal im Raum Eberswalde-Finow, im Bereich der Eberswalder Pforte (siehe Exkursion 4).

Ein zweites, in sich nicht so geschlossenes Industriegebiet hat sich während der kapitalistischen Zeit im Stadtrandgebiet von Berlin herausgebildet. Schwerpunkte dieses Industriegürtels sind Fürstenwalde (siehe Exkursion 9) und Rüdersdorf (siehe Exkursion 8). Niedrige Bodenpreise, billige Arbeitskräfte, günstige Verkehrsverbindungen zur Hauptstadt, die Nähe eines gewaltigen Absatzgebietes und Fühlungsvorteile sowie örtliche Rohstoffe (Zementindustrie) haben hier neben Standorten der Leicht- und Lebensmittelindustrie besonders solche der chemischen und metallverarbeitenden Industrie entstehen lassen. Zu den Standorten, die den Industriegürtel im Berliner Randgebiet bilden, gehört auch Erkner (Teerdestillation, chemische Fabrik, Kunstharz- und Preßmassefabrik).

In diesem Industriegürtel entstand auch das Großtanklager Seefeld (Kreis Bernau) als Endpunkt einer Produktenleitung, die vom Erdölverarbeitungswerk Schwedt hierher führt. In der Stadtrandzone befinden sich darüber hinaus eine ganze Reihe mittlerer und kleinerer Betriebe der Metallverarbeitung, der Leichtindustrie und Lebensmittelindustrie. Für diesen ganzen Industriegürtel ist kennzeichnend, daß er verkehrsmäßig auf Berlin ausgerichtet ist und durch die preiswerten Vororttarife das Auspendeln von Zehntausenden der hier ansässigen Wohnbevölkerung begünstigt. Gleichzeitig nimmt der Industriegürtel Pendlerströme auf, die aus den agrarisch strukturierten Gebieten des Bezirkes Frankfurt täglich hierher zur Arbeit kommen.

Ein drittes Industriegebiet hat sich im wesentlichen erst unter sozialistischen Produktionsverhältnissen im Raum Frankfurt–Eisenhüttenstadt entwickelt (siehe Exkursion 1 und 12). Südlich der Stadt Frankfurt befindet sich das Großkraftwerk Brieskow-Finkenheerd, das heute seinen Kohlenbedarf aus der Lausitz erhält. Das ausgekohlte Bergbaurevier von Finkenheerd ist mit seinen Tagebaurestseen „Helene" und „Katja", die über eine ausgezeichnete Wasserqualität verfügen, inmitten weiter Kiefernforste auf den Talsandterrassen des Berliner Urstromtales in ein reizvolles Naherholungsgebiet verwandelt worden.

Das jüngste Industriezentrum hat sich im Nordosten des Bezirkes in Schwedt entwickelt (siehe Exkursion 5). Die Landwirtschaft der Umgebung nimmt – neben der Beibehaltung traditioneller Züge wie des Tabakanbaus – ein stadtrandnahes Profil an, d.h., es erfolgt die verstärkte Erzeugung von Obst, Gemüse, Milch und anderen leichtverderblichen und transportempfindlichen Produkten. Schwedt ist zugleich ein wichtiger Anziehungspunkt von Pendlerströmen geworden, die täglich aus den Agrargemeinden der Uckermark hierher kommen. Fast alle Gemeinden des Kreises Angermünde zeigen eine rückläufige Einwohnerzahl, wobei der Industrieschwerpunkt Schwedt die auch in anderen Agrargebieten zu beachtende ähnliche Entwicklung nur beschleunigt. Die Umgestaltung und Neustrukturierung des ländlichen Siedlungsnetzes ist deshalb hier im Norden des Bezirkes Frankfurt besonders dringlich.

Im übrigen finden sich viele Einzelstandorte vor allem der Nahrungs- und Genußmittelindustrie sowie der Leicht- und Baustoffindustrie in den ländlich strukturierten Gebieten und hier wieder besonders in den Kreis- und Landstädten. Diese Standorte haben sich vielfach auf der Grundlage lokaler Rohstoffe (z.B. Agrarprodukte, Holz, Ton und Lehm) bereits im 19. Jahrhundert herausgebildet.

Außerhalb der genannten Industriegebiete werden weite Teile des Bezirkes überwiegend land- und forstwirtschaftlich genutzt oder wurden durch den Fremdenverkehr strukturiert.

Im Norden erstreckt sich das Agrargebiet der Uckermark mit fruchtbaren Geschiebelehmböden, ein wichtiges Anbaugebiet von Weizen und Zuckerrüben. Der Raum Schwedt-Vierraden ist ein Zentrum des Tabakanbaus. Südwestlich schließt sich das wald- und seenreiche Endmoränengebiet von Chorin-Joachimsthal an, das Bedeutung für den Fremdenverkehr und die Forstwirtschaft besitzt. Auch auf den südwestlich vorgelagerten Sanderflächen, auf den Talsandflächen des Eberswalder Urstromtales und südwestlich davon spielt die Forstwirtschaft eine vorrangige Rolle.

Auf den südöstlich anschließenden Hochflächen des Barnim und der Lebuser Platte wird auf sandig-lehmigen Böden Feldbau betrieben. Lediglich im Endmoränengebiet der Märkischen Schweiz überwiegt die forstwirtschaftliche Nutzung. Buckow ist zugleich das Zentrum eines wichtigen Erholungsgebietes.

Das Oderbruch ist mit seinen schweren Auelehmböden ein wichtiges Weizen- und Zuckerrübenanbaugebiet. Freilich verlangt hier die Be- bzw. Entwässerung große Aufmerksamkeit. Der Feldgemüseanbau und auch die Treibhäuser im mittleren und oberen Oderbruch liefern eine umfangreiche Gemüseproduktion für die Hauptstadt Berlin. Die Kreisstädte Seelow und Bad Freienwalde sowie die Stadt Wriezen besitzen wichtige Versorgungsfunktionen, u. a. für die im Oderbruch lebende Bevölkerung. Die Talsandterrassen des Berliner Urstromtales zwischen Erkner und Eisenhüttenstadt sowie auch die Sand- und Sandergebiete südlich davon tragen ausgedehnte Forste. Lediglich die Beeskower Platte mit ihren sandig-lehmigen Böden liegt gleichsam als große landwirtschaftlich genutzte Rodungsfläche (Roggen, Kartoffeln) inmitten wertvoller, seendurchzogener Wälder, die als Naherholungsgebiete dienen.

Exkursionen

1. Stadtgeographie Frankfurt (Oder)

Frankfurt (Oder) ist mit 86 000 Einwohnern die größte Stadt des gleichnamigen Bezirks. Sie ist politisch-administratives Zentrum, eine Stadt der Industrie, ein Verkehrsknotenpunkt und zugleich ein geistig-kulturelles Zentrum.

Die im Jahre 1253 im Zuge der deutschen Ostexpansion auf einer hochwasserfreien Talsandfläche gegründete Stadt nahm einige Siedlungskerne auf, die hier bereits vorher u. a. im Zusammenhang mit dem die Oder überschreitenden Verkehr entstanden waren (Abb. 3). Die mit Niederlagsrecht privilegierte Stadt blühte in der Folgezeit als Knotenpunkt des Fernhandels schnell auf, obgleich auch Handwerk und Landwirtschaft jahrhundertelang weitere wichtige Wirtschaftszweige waren (Abb. 4). Innerhalb der Landwirtschaft entfaltete sich u. a. der Weinbau. Für das Jahr 1572 sind 83 Weinberge an den Oderhängen belegt. Aber auch die Fischerei in der Oder war ein wichtiger Erwerbszweig. Das Handwerk der um 1800 etwa 10 400 Menschen zählenden Stadt wurde zu dieser Zeit von 658 Handwerksmeistern ausgeübt, wobei Tuchmacher, Gerber und Schuhmacher zeitweilig eine besondere Rolle spielten.

Von der mittelalterlichen Blütezeit der zeitweilig auch der Hanse angehörenden Stadt zeugen heute noch mächtige Profan- und Sakralbauten wie das Rathaus oder die heute noch als Ruine beeindruckend wirkende Marienkirche im Stadtzentrum. Im Jahre 1506 hatte Frankfurt eine Universität erhalten, die aber 1810 nach Breslau (heute Wrozław) verlegt wurde. An die mittelalterliche Handelstradition knüpfte der Meßhandel an, der sich freilich erst nach Fortfall der einengenden Zollbestimmungen des 18. Jahrhunderts voll entfalten konnte, dann aber gegen Ende des 19. Jahrhunderts an Bedeutung verlor.

Im 19. Jahrhundert nahm Frankfurt immer mehr den Charakter einer Garnison- und Beamtenstadt an. Gleichzeitig begann die Stadt über ihre mittelalterlichen Mauern hinauszuwachsen. Sie wurde nach dem Bau der Eisenbahnen und festen Straßen zu einem wichtigen Verkehrsknotenpunkt, dem die in historischer Zeit vorhandene Gunst der Lage am

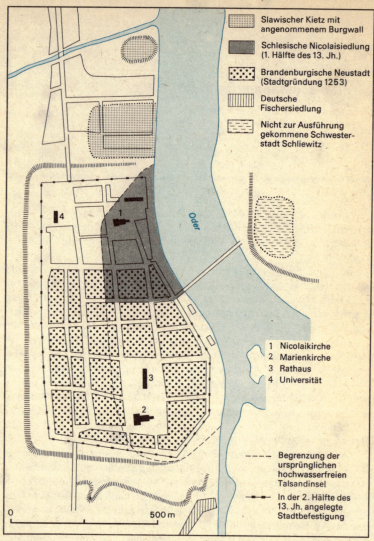

Abbildung 3
Siedlungskerne der Stadt Frankfurt (Oder)

Legende:

- Slawischer Kietz mit angenommenem Burgwall
- Schlesische Nicolaisiedlung (1. Hälfte des 13. Jh.)
- Brandenburgische Neustadt (Stadtgründung 1253)
- Deutsche Fischersiedlung
- Nicht zur Ausführung gekommene Schwesterstadt Schliewitz

Oder

1 Nicolaikirche
2 Marienkirche
3 Rathaus
4 Universität

- - - Begrenzung der ursprünglichen hochwasserfreien Talsandinsel
-■-■- In der 2. Hälfte des 13. Jh. angelegte Stadtbefestigung

0   500 m

„Oderpaß" zugute kam (Zusammentreten der Hochflächen beiderseits der Oder auf zwei Kilometer). Die Industrie in kapitalistischer Zeit wurde lediglich durch eine Reihe mittlerer und kleiner Betriebe markiert, die vor allem aus der Land- und Forstwirtschaft sowie der Verkehrslage Nutzen

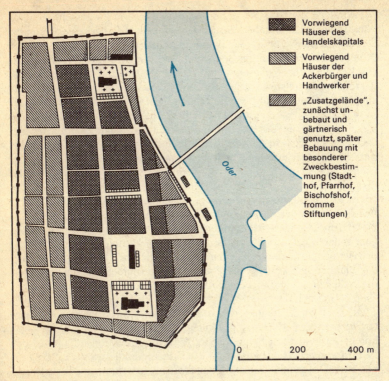

Abbildung 4
Bebauungsplan des mittelalterlichen Frankfurt (Oder)

The legend of the map reads:

Vorwiegend Häuser des Handelskapitals

Vorwiegend Häuser der Ackerbürger und Handwerker

„Zusatzgelände", zunächst unbebaut und gärtnerisch genutzt, später Bebauung mit besonderer Zweckbestimmung (Stadthof, Pfarrhof, Bischofshof, fromme Stiftungen)

Oder

0   200   400 m

zogen (Lebensmittel- und Holzindustrie). Das am Ende des Zweiten Weltkrieges schwer zerstörte Frankfurt (Oder) wurde im Jahre 1945 Grenzstadt zur befreundeten VR Polen.

Als politisch-administratives Zentrum beherbergt die Stadt heute die Verwaltungen und Leitungen der Massenorganisationen des Bezirkes und des Stadtkreises. Hinzu kommen wirtschaftsleitende Organe.

Die ökonomische Basis ist heute die Industrie. Besondere Bedeutung besitzt die Elektrotechnik/Elektronik mit dem VEB Halbleiterwerk Frankfurt-Markendorf des VEB Kombinat Mikroelektronik, dessen Produktion für die Schlüsselindustrien im Bereich der Mikroelektronik besonders wichtig ist.

Der 1958 begonnene Aufbau des Halbleiterwerkes, das heute 8000 Beschäftigte zählt, ist der bei weitem wichtigste Industriebetrieb der Stadt. Es arbeitet eng mit dem gleichfalls neuentstandenen wissenschaftlichen Institut für Halbleiterphysik zusammen. Heute arbewiten 26 % der

31

Werktätigen der Stadt in der Industrie, davon 69 Prozent im Bereich Elektrotechnik/Gerätebau. Strukturbestimmende Betriebe gehören weiterhin zum Bauwesen, so das Bau- und Montagekombinat Ost mit seiner Kombinatsleitung und den Bereichen Forschung und Projektierung, das Baukombinat für Wohnungs- und Gesellschaftsbau, das Verkehrs- und Tiefbaukombinat sowie das Autobahnbaukombinat, das sich auf die Fertigung von Stahl- und Massivbrücken spezialisiert hat. Daneben arbeitet ein Metalleichtbaukombinat. Die traditionelle Lebensmittelindustrie, die sich weitgehend auf das Rohstoffaufkommen des Umlandes stützt, umfaßt den VEB Oderfrucht, den Schlachthof, das Getränke- und Milchkombinat, die Großbäckerei und auch die volkseigene Kaffeefabrik Marö. Ein großes Möbelwerk produziert vor allem Schlafraummöbel. Weit über die Grenzen unseres Landes hinaus ist der kleine volkseigene Orgelbaubetrieb „Sauer" durch seine begehrte Qualitätsproduktion bekannt. Die Industrie konzentriert sich einmal im Südwesten der Stadt, wo in acht Kilometer Entfernung in Markendorf das Halbleiterwerk errichtet wurde, zum anderen hat sich der Industrie- und Lagerkomplex West einschließlich Bereich Birnbaumsmühle und das Industriegebiet Nord einschließlich des Raumes Spitzkrug herausgebildet. Ältere Standorte liegen vereinzelt im Stadtgebiet verstreut. Die Industriefläche, die Mitte der 70er Jahre rund 200 ha umfaßte, wird sich bis auf etwa 500 ha erweitern.

Die Stadt, zu der heute auch die Ortsteile Kliestow, Booßen, Rosengarten, Lichtenberg, Markendorf, Hohenwalde, Güldendorf und Lossow gehören, weist auch eine bemerkenswerte Agrarproduktion auf, die von der LPG Pflanzenproduktion, von der LPG Tierproduktion, einer GPG sowie den VEG Obstproduktion und Baumschulen erbracht wird. Die stadtnahe Landwirtschaft wird in den kommenden Jahren besonders den Gemüse- und Obstanbau zur Frischversorgung der Bevölkerung entwickeln.

Frankfurt (Oder) ist ein wichtiger Verkehrsknotenpunkt im Osten der DDR. Hier treffen sich wichtige Eisenbahnlinien aus Wilhelm-Pieck-Stadt Guben, Leipzig, Berlin und Schwedt–Eberswalde. Ein großer Verschiebebahnhof trägt dem Rechnung. Frankfurt (Oder) ist zugleich einer der größten Transitknotenpunkte der Eisenbahn zur Sowjetunion und VR Polen. Über den nach dem Kriege neu erbauten Grenzbahnhof wickeln sich wichtige Außenhandelsbeziehungen zur UdSSR und zu anderen sozialistischen Ländern ab. Über 50 Prozent des Personenverkehrs der DDR in Richtung Polen–Sowjetunion fließen über den Frankfurter Hauptbahnhof. Die Deutsche Reichsbahn ist damit ein wesentlicher städtebildender Faktor. Ihre Anlagen besitzen stadtprägenden Charakter, die am Rande des Zentrums (Hauptbahnhof), im Westen (Verschiebebahnhof) und Südosten (Grenzbahnhof) hervortreten. Die Reichsbahn ist auch Träger wichtiger Stadt-Umland-Beziehungen. Täglich pendeln rund 4000 Arbeitskräfte in die Stadt. Intensive Nahverkehrsbeziehungen bestehen besonders nach Eisenhüttenstadt, Fürstenwalde und Berlin, die sich noch verstärken werden, wenn in Zukunft Arbeitskräfte für den weiteren Ausbau des VEB Eisenhüttenkombinat Ost hier angesiedelt werden. Die Stadt hat Autobahnanschluß und ist über diese mit der Hauptstadt Berlin und der VR Polen verbunden. Von hier gehen strahlenförmig nach Süden, Westen und Norden wichtige Fernverkehrsstraßen aus. Nach Eisenhüttenstadt besitzt die Stadt den zweitwichtigsten Oderhafen der Republik.

Dem geistig-kulturellen Leben der Stadt dienen das Kleist-Theater, die Kleist-Gedenk- und Forschungsstätte, das Bezirksmuseum, das Stadtarchiv und die Konzerthalle, deren Veranstaltungen weit über den Bezirk hinaus bekannt und berühmt sind. Die Oder-Festspiele, Musikfesttage, Chansontage, das Pressefest des „Neuen Tag" sind Beispiele für das rege Kulturleben, das sich in sozialistischer Zeit in der Bezirksstadt entwickelt hat.

Die genannten städtebildenden Faktoren bedingen eine hohe Zentralität und ausgeprägte Umlandbeziehungen, die durch Einrichtungen der Volksbildung (Bezirksparteischule, Institut für Lehrerbildung) und des Gesundheitswesens, aber auch durch die hier ansässigen Publikationsorgane wie Presse und Rundfunk bedingt sind.

Die technische Ver- und Entsorgung stützt sich auf ausgebaute Einrichtungen der technischen Infrastruktur. Die Fernwärmeversorgung der Stadt sowie des Ortsteils Markendorf mit dem Halbleiterwerk erfolgt seit 1973 über eine Heißwasserleitung vom Heizkraftwerk Finkenheerd mit Fernwärme. Im Jahre 1990 sollen 75 % aller Wohnungen auf diese Weise beheizt werden. Die Gasversorgung der Stadt wird über zwei Leitungen durch die Hochdruckgasverbundleitung der Republik von Schernsdorf aus gesichert. Darüber hinaus besteht die Möglichkeit der Einspeisung über eine Verbindungsleitung von Eisenhüttenstadt aus. Eine vorhandene Ölspaltanlage arbeitet in Spitzenzeiten. Die Elektroenergieversorgung erfolgt über ein Umspannwerk im Westen der Stadt, das an die 110-kV-Leitung aus Eisenhüttenstadt angeschlossen ist. Die Wasserversorgung erfolgt hauptsächlich durch das Wasserwerk Briesen und das Wasserwerk Oderallee. Zuspeisungen gehen aus dem Wasserwerk Müllrose in den Markendorfer Raum und aus Finkenheerd nach Lossow. Seit 1980 sind alle Stadtgebiete an die zentrale Trinkwasserversorgung angeschlossen. Die Abwasserbeseitigung erfolgt zu über 98 Prozent zentral. Der Ausbau und die Vergrößerung der Klärkapazität sind vorgesehen.

Die am Ende des letzten Weltkrieges schwer zerstörte Stadt – die Innenstadt war nahezu völlig vernichtet – ist inzwischen schöner denn je wieder aufgebaut worden. Im Jahre 1945 waren 25 Prozent der Gebäude im Stadtgebiet zerstört, 40 Prozent schwer- oder leichtbeschädigt. Im Jahre 1949 standen jedem Einwohner nur noch 9,6 m^2 Wohnfläche zur Verfügung, auf 1000 Einwohner entfielen 254 Wohnungen. Nach der Beseitigung der Kriegsschäden begann 1951 der Aufbau im Zentrum in der damals nur noch 54000 Einwohner zählenden Stadt. Er erfolgte in folgenden Abschnitten:

1951–55	Bahnhofstraße und Spiekerstraße (300 WE = Wohnungseinheiten)
1954–57	Huttenstraße und Thielestraße (250 WE),
1956–71	Karl-Marx-Straße, Scharrnstraße, Große Oderstraße und andere im Stadtzentrum (2400 WE),
1958–77	Stadtteil West mit Geothestraße, Zillestraße, Rathenaustraße, Meurerstraße (900 WE),
1961–71	Aufbau des Stadtteils Süd mit Baumschulenweg, Südring, Wilhelm-Pieck-Straße (Hochhäuser) und das gesamte Neubaugebiet Kopernikusstraße (Juri-Gagarin-Ring bis Keplerweg, 6000 WE),
1972–75	Wohnkomplex Nord, einschließlich Ostteil (3400 WE),
1973–78	Wohnkomplex Halbe Stadt (2600 WE),
1974–78	Neubaugebiet Kräuterweg (950 WE) und
1977–86	Wohnkomplex Neuberesinchen (8300 WE).

Heute liegt der Schwerpunkt beim innerstädtischen Bauen in seiner Einheit von Neubau – Rekonstruktion – Modernisierung und Erhaltung, wobei der Wohnkomplex Bahnhofsberg und Altberesinchen Schwerpunkte sind. Von 1986 bis 1990 sollen besonders hier 3300 Neubauwohnungen errichtet und 470 Wohnungen rekonstruiert werden. Als Ergebnis dieser Entwicklung wurden seit 1945 25000 Wohnungen neu gebaut. Von 1000 Wohnungen besitzen heute 889 Bad oder Dusche, 655 ein modernes Heizsystem, 894 ein IWC. Auf 1000 Einwohner kommen 400 Wohnungen und auf jede Person eine durchschnittliche Wohnfläche von 24,3 m^2. Darüber hinaus wurden im Rahmen der sozialistischen Neugestaltung der Bezirksstadt ein modernes Bezirkskrankenhaus mit Poliklinik, eine Bezirksmusikschule, Sprachheilschule, Kinder- und Jugendsportschule, das Hotel „Stadt Frankfurt", ein Jugendtouristikhotel, das Konsument-Warenhaus, Einkaufszentren, viele Schulen, die Ernst-Kamieth-Sporthalle, das Stadion der Freundschaft und ein Sport- und Ausstellungszentrum geschaffen.

Im Zusammenhang mit dem Neuaufbau der Stadt wurden neue Hauptverkehrsstraßen konzipiert und gebaut: Die Haupterschließungstrasse (Stadtkerntangente) und der Außenring. Die Haupterschließungstrasse verläuft von der F87 im Süden zur F112, tangiert östlich des Friedhofes den Stadtteil Neuberesinchen und nimmt die vorhandenen Verkehrswege Heinrich-Hildebrand-Straße, Wilhelm-Pieck-Straße und Thielestraße auf. Anschließend führt die Tangente weiter nach Norden in Tieflage durch den Kleistpark, tangiert den Wohnbaukomplex Halbe Stadt und nimmt westlich des Wohnkomplexes Frankfurt (Oder)-Nord die Zielona-Góra-Straße auf, um im Westen die Verknüpfung mit der F5 herzustellen.

Der Außenring besteht im wesentlichen aus den vorhandenen Trassen Kopernikusstraße, der Nuhnenstraße und der Straße Birnbaumsmühle. Vervollständigt werden soll der Außenring nach 1990 durch eine Verbindung zur F112. Den innerstädtischen Verkehrsströmen dient ein Straßennetz von 40 km Länge, durch das die Anbindung der städtischen Wohngebiete an die Hauptverkehrsstraßen und die Verbindung der Stadtteile untereinander erfolgt. Die wichtigsten Verkehrsstraßen sind die Rosa-Luxemburg-Straße, die August-Bebel-Straße, die Karl-Marx-Straße, die Große Müllroser Straße, ein Teil der Wilhelm-Pieck-Straße, die Heinrich-Hildebrand-Straße im Wohngebiet Neuberesinchen und der Straßenzug Puschkinstraße–Damaschkeweg sowie der Gronefelder Weg.

In der Stadt besitzt die Straßenbahn für den Nahverkehr große Bedeutung. Gegenwärtig wohnen rund 61 Prozent der Einwohner des Stadtkreises im fußläufigen Einzugsbereich der Straßenbahn, bis 1990 soll dieser Anteil auf 80 Prozent erhöht werden. Dabei war der Anschluß des Stadtteils Neuberesinchen das Kernstück der Erweiterungsmaßnahmen. Bis 1990 wird die Straßenbahn bis zum Halbleiterwerk in Markendorf gebaut.

Die Bewohner Frankfurts können vielseitige und wertvolle Naherholungsgebiete nutzen. Innerhalb des Stadtgebietes bieten sich für die Naherholung Grünanlagen und Freiflächen an. Es sind dies der Lennépark und der Anger Oderallee, die Oderpromenade mit der Insel Ziegenwerder, das Klingetal mit dem Botanischen Garten. Diese dienen vor allem der kurzzeitigen Tages- und Feierabenderholung. Bemerkenswerte Wanderbereiche und Erholungsgebiete in unmittelbarer Stadtnähe sind der Helenesee, der Frankfurter Stadtwald (Ortsteil Rosengarten), die Güldendorfer Mühlentäler sowie die nördlichen und südlichen Oderauen (Eichwald). Von besonderer Bedeutung ist dabei das Erholungsgebiet Helenesee auf 280 ha Wasserfläche, das nach Auslaufen des Braunkohlentagebaus heute mit dem Helene- und Katja-See bei gutem Wetter von mehr als 30 000 Erholungssuchenden täglich, im Jahre jetzt von 1,2 Mill. Menschen, aufgesucht wird. Darüber hinaus bieten sich im weiteren Stadtumland als gern aufgesuchte Erholungsgebiete an der Große Müllroser See, das Schlaubetal mit den Bereichen Schernsdorf, Kupferhammer, Bremsdorfer Mühle als Fortsetzung des Gebietes um Müllrose, der Scharmützelsee bei Bad Saarow, der Schwielochsee und die Märkische Schweiz bei Buckow. Die zuletzt genannten Gebiete dienen dabei auf Grund ihrer Entfernung vorrangig der Wochenenderholung.

Exkursionsroute

Fußwanderung vom Marktplatz (Rathaus, Marienkirche) durch die Magistrale zur Karl-Liebknecht-Straße, weiter durch die Anlagen (alte Stadtbefestigung) zur Karl-Marx-Staße; von hier mit Omnibus oder Nahverkehrsmittel nach Norden zum Winterhafen (altes Industrieviertel), Hansaviertel, Bergstraße, Sophienstraße, Güterbahnhof, August-Bebel-Straße (Industriegebiet, ehemalige Stadterweiterungen der früheren Beamten- und Garnisonstadt), Beresinchen (ehemalige Stadterweiterung als Folge des Eisenbahnknotenpunktes), Neuberesinchen, Markendorf (Halbleiterwerk).

2. Natur und Landeskultur des Oderbruches und des Frankfurter Odertales

Oderbruch und Odertal gehören zu den besonders bemerkenswerten Landschaften im östlichen Brandenburg. Das Frankfurter Odertal umfaßt die Engtalstrecke zwischen Lossow und Frankfurt sowie das bis Reitwein hin sich erstreckende Lebuser Bruch. Das anschließende Oderbruch wird von Hochflächen begrenzt: auf der Westseite vom Land Lebus und der Barnimplatte, im Norden von Moränen, Sandern und Talsandterrassen der südlichen Uckermark. Die Talung dacht gleichmäßig nach Norden hin ab und liegt im Lebuser Bruch in 18 bis 15 m NN, im südlichen Oderbruch bei etwa 14 m NN, im nördlichen Bruch in 3 bis 2 m NN, im unteren Odertal in 2 bis 1 m NN. Bei einer Längserstreckung von etwa 125 km zwischen Frankfurt (Oder) und Gartz wechselt die Breite der Niederung beträchtlich (Lebuser Bruch 4 bis 6 km, Oderbruch maximal 15 km, unteres Odertal zwischen Hohensaaten und Gartz 3 bis 7 km).

Die Natur der Flußniederung wurde durch Rodung der Auenwälder und landwirtschaftliche Nutzung, durch Entwässerungsanlagen und Schutzeinrichtungen gegen Überflutungen und Eisgang erheblich verändert. Bestimmt wird das heutige Landschaftsbild durch die Ebenheit des Gebietes, durch Äcker und nach Norden hin zunehmende Wiesen- und Weideflächen, durch Baumgruppen und -reihen entlang von Wasserläufen und Straßen in einer sonst waldfreien Landschaft. Typisch sind zahlreiche Altwässer und oft gradlinig geführte künstliche Entwässerungsgräben, künstliche Aufhöhungen für Verkehrswege und Siedlungsbauten, zahlreiche Einzelhöfe (Loose) und in oft großem Abstand zueinander liegende Dörfer.

Der Oderstrom verläuft im Lebuser Bruch und im Oderbruch entgegen den natürlichen Neigungsverhältnissen dicht am höheren Ostrand. Durch Deichbauten zu diesem Lauf gezwungen, folgt der Strom so dem kürzesten Weg durch das Oderbruch. Die den natürlichen Gefällsverhältnissen folgende Alte Oder hat ihren Beginn mit mehreren Armen im südlichen Oderbruch, erreicht bei Wriezen die Westseite der Niederung und umfließt die Neuenhagener Insel.

Das Oderbruch ist innerhalb des Toruń-Eberswalder Urstromtales ein besonders auffälliges Formenelement. Neuere Untersuchungen zwingen zu der Annahme, daß an der Entstehung der Hohlform Oderbruch keine tektonischen Prozesse beteiligt waren. Das Auftreten von sehr mächtigen, tief unter Normalnull reichenden saalekaltzeitlichen Geschiebemergelvorkommen, besonders im Süden des Oderbruchs, und die Beziehungslosigkeit der Oderbruch-Hohlform zur Lage der Tertiär- und Quartärbasisfläche sprechen für ihre glazigene Anlage in der Saalekaltzeit. Die Oderbruch-Hohlform ist ein saalekaltzeitlich angelegtes Gletscherzungenbekken, das während der Weichselkaltzeit nur noch überformt wurde. Der im Vergleich zu Gletschern älterer Vereisungen hier weniger aktive und geomorphologisch nur gering wirksame Gletscher der Weichselkaltzeit war nicht in der Lage, die Hohlform zu vernichten. Nach dem Schwinden der geschlossenen Eisdecke wurde die Hohlform durch einen Toteiskörper plombiert und somit vor Zuschüttung bewahrt. Die Grundzüge der Reliefgestaltung des Oderbruchs und der angrenzenden Hochflächen lassen sich wie folgt zusammenfassen:

a) Das weichselkaltzeitliche Inlandeis konnte bei seinem Vorstoß bis zur Maximalrandlage die saalekaltzeitlich angelegten Grundzüge des Reliefs (Oderbruch-Hohlform und die Höhenkomplexe auf Barnim- und Lebus-Hochfläche) nur gering überprägen. Allerdings wurden ältere pleistozäne und tertiäre Ablagerungen lokal gestaucht und auch emporgepreßt. Die Oderbruch-Hohlform hatte sich mit Inlandeis gefüllt.

b) Zur Zeit des Eishaltes im Bereich der Frankfurter Eisrandlage kam es zur Ausbildung des Stauchmoränenzuges von Biesenthal – Bernau – Müncheberg – Treplin und Booßen, der das Odertal bei Frankfurt quert. Die Schmelzwässer dieser Randlage flossen dem Berliner Urstromtal zu, und auch die periglaziäre Oder folgte dieser Talung.

c) Als das Inlandeis auf eine Zwischenstaffel zwischen Frankfurter und Pommerscher Eisrandlage zurückgewichen war, durchbrachen Schmelzwässer den Moränenzug der Frankfurter Randlage bei Buckow und erreichten über das Rote Luch das noch in Funktion befindliche Berliner Urstromtal.

d) Während der Andauer der Pommerschen Eisrandlage entstand der Stauchmoränenzug von Feldberg über Joachimsthal und Chorin, der das Exkursionsgebiet von Liepe bis Oderberg und über die Neuenhagener Insel hinweg berührt und danach die Oder quert. Zu dieser Zeit bestanden lokale Abflußbahnen, so auch im Eberswalder Tal. Die Oderbruch-Hohlform blieb eiserfüllt.

e) Als im Oderlobus das Inlandeis zu stagnierendem Eis geworden und weitgehend niedergetaut war, als sich weiter nördlich Stillstandslagen herausgebildet hatten (Angermünder Staffel, Penkuner Phase), war ostwärts der Oder die Pommersche Phase noch weithin in Funktion und lieferte ihr Schmelzwasser zur Warte-Niederung. Jetzt kam es zur Bildung eines durchgehenden Toruń-Eberswalder Urstromtales.

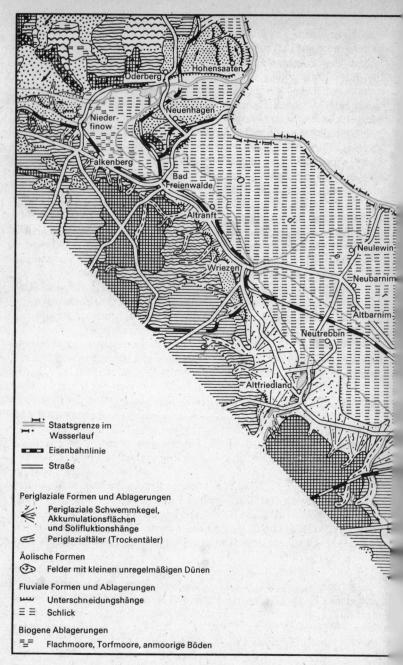

Staatsgrenze im
Wasserlauf

Eisenbahnlinie

Straße

Periglaziale Formen und Ablagerungen

Periglaziale Schwemmkegel,
Akkumulationsflächen
und Solifluktionshänge

Periglazialtäler (Trockentäler)

Äolische Formen

Felder mit kleinen unregelmäßigen Dünen

Fluviale Formen und Ablagerungen

Unterschneidungshänge

Schlick

Biogene Ablagerungen

Flachmoore, Torfmoore, anmoorige Böden

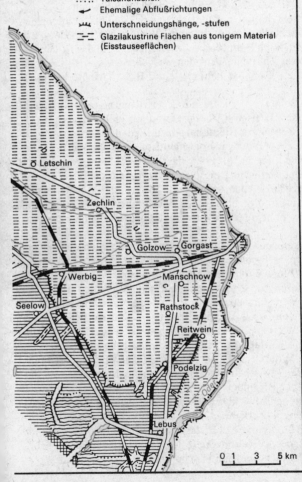

Glaziale Formen und Ablagerungen

▦ Stauchendmoränen

▦ Stauchendmoränen, sehr blockreich

Grundmoränenflächen:

≡ Flach

≋ Wellig

⌇ Kuppig

〰 Glaziäre Rinnen (teilweise subglazialer Anlage)

⌐ Ehemalige Eisrandlage (E = Pommersche Hauptrandlage)

Glazifluviale Formen und Ablagerungen

∴ Sanderflächen

⋮ Talsandflächen

← Ehemalige Abflußrichtungen

⌇ Unterschneidungshänge, -stufen

⊒ Glazilakustrine Flächen aus tonigem Material (Eisstauseeflächen)

Abbildung 5
Geomorpho-
logische Karte
des Oderbruches
und seiner
Randgebiete

Letschin

Zechlin

Golzow   Gorgast

Werbig   Manschnow

Seelow   Rathstock

Reitwein

Podelzig

Oder

Lebus

0 1   3   5 km

39

f) Nach Aufgabe dieser Staffeln kam es infolge Tieftauens verschütteter Toteismassen zum Durchbruch der Schmelzwässer durch die Pommersche Stauchmoräne, und es entwickelte sich das Noteć-Randow-Urstromtal, das bis zum Eisfreiwerden der heutigen Odermündung benutzt wurde. Während dieser Zeit erfolgte auch der Durchbruch der Oder bei Frankfurt nach Norden, und erst von diesem Zeitpunkt an durchflossen die Wasser des Oderstromes das Oderbruch und das untere Odertal bis zu seiner Mündung.

Die vorwiegend schlickigen Böden der Bruchniederung entstanden als Ergebnis jahrhundertelanger, regelmäßiger, oft pro Jahr mehrfacher Überschwemmungen. Der Bodenform nach handelt es sich zwischen Brieskow und Reitwein sowie im oberen und mittleren Oderbruch um Lehm/Ton-Halbgley-Bodengesellschaften, im unteren Oderbruch verbreitet auch um Ton/Deckton-Halbgley-Bodengesellschaften. Sand-Ranker-Bodengesellschaften haben sich auf Schwemmkegelbereichen und Solifluktionsschutthalden entwickelt, Niedermoor/Gleymoor-Bodengesellschaften u. a. im Bereich der um Altfriedland in das Bruch austretenden Buckower Talrinnen. Auf den westwärts gelegenen Hochflächen schließen sich Tieflehm-Fahlerde/Sand-Braunerde-Bodengesellschaften an.

Wenn auch die Böden der Bruchniederungen zu den ackerbaulich wertvollen Böden gehören, weisen sie für die Bestellung einige Nachteile auf: große Härte und Neigung zur Rißbildung in trockenen Jahreszeiten; starke Abhängigkeit der Grundwasserverhältnisse vom Wasserstand der Oder durch die tiefe Lage und als Folge davon Überstauung und stagnierendes Wasser. Man bezeichnet diese Böden als „Stundenböden", weil zwischen den Zeiten ihrer Austrocknung und Verhärtung im Sommer und der Unbegehbarkeit infolge übergroßer Feuchtigkeit im Frühjahr und Herbst oft nur ein sehr begrenzter Zeitraum für ihre Bearbeitung zur Verfügung steht.

Auf vielen Hängen von Oder- und Lebuser Bruch konnten sich bemerkenswerte Pflanzengesellschaften erhalten, vor allem Arten der südöstlichen sarmatischen Flora, die gemeinsam mit trockenheitliebenden mitteleuropäischen Pflanzen die Steppenrasengesellschaften bilden. Hauptbestandsbildner des Steppenrasens ist das Haar-Federgras (Stipa capillata). In der Umgebung von Lebus ist großflächig das Adonisröschen (Adonis vernalis) vorhanden. Besonders gut sind Steppenrasen um Lebus und am Reitweiner Sporn, bei Mallnow, Libbenichen, Dolgelin und Seelow, in Trockentälern bei Wriezen und Bad Freienwalde, an Hängen der Pommerschen Endmoräne zwischen Niederfinow und Oderberg sowie auf der Neuenhagener Insel ausgebildet.

Die landeskulturelle Entwicklung des Oderbruchs läßt besondere Maßnahmen und Höhepunkte erkennen. 1717 begann die systematische Eindeichung zwischen Lebus und Zellin; die Ausschaltung von Mäandern sowie der Durchstich der schmalsten Stelle des Neuenhagener Plateauspornes brachte wirtschaftliche und militärische Vorteile. 1753 wurde der letzte Fangdamm bei Güstebiese durchstochen; das bedeutete eine Verkürzung des Oderlaufes um 25 km, somit eine Erhöhung des Gefälles und damit der Strömungsgeschwindigkeit. Weitere Maßnahmen waren die meist am linken Oderufer errichteten Deiche.

Im Gegensatz zur künstlichen Linienführung des Oderstromes entspricht die Binnenentwässerung im Bruch etwa den natürlichen Gefällsverhältnissen. Ihr Beginn liegt im südlichen Oderbruch; südlich von Wriezen befindet sich der Knotenpunkt der Binnenentwässerung, die nicht nur den stets oberflächennahen Grundwasserspiegel absenkt, sondern auch dem Abfluß von Dränage- und Überflutungswassern dient.

Die wasserbautechnischen Maßnahmen und Anlagen schufen die Voraussetzungen zur regelmäßigen Bewirtschaftung und zur vollständigen Besiedlung. Dazu wurden auch Siedler aus Polen und Österreich, vor allem aber aus Frankreich und den Niederlanden angeworben. Interessant nach Grundrißgestalt, Struktur und Funktion sind die ländlichen Siedlungen, so die Runddörfer und Rundlinge der Niederung, Zwecksiedlungen der Slawen und Deutschen, die Straßen- und Angerdörfer der deutschen Kolonisationszeit, breite Straßendörfer des 18. Jahrhunderts, die Streusiedlungen des 19. und 20. Jahrhunderts (Loose) und schließlich Neubauernsiedlungen, die nach 1945 entstanden.

Das Oderbruch ist mit rund 70 000 ha landwirtschaftlicher Nutzfläche das wichtigste Gebiet der Land- und Nahrungsgüterwirtschaft im Bezirk Frankfurt. Von erheblicher Bedeutung war die Eröffnung der Eisenbahnstrecke Eberswalde–Frankfurt, die die Wirtschaftsbereiche dieser Landschaft verband und auch heute noch verbindet, unterstützt durch die Bahnlinie Werbig–Golzow–Kietz sowie die (heute nicht mehr bestehende) Oderbruchbahn Wriezen–Ortwig–Golzow–Dolgelin.

Der Zweite Weltkrieg brachte der Bevölkerung des Oderbruchs und seiner Randgebiete hohe Verluste und Zerstörungen an Wohnraum und Wirtschaftsgebäuden, Verkehrseinrichtungen und wasserbautechnischen Anlagen, an Ackerland, Grünland und Gewächshausanlagen. So wurde es ab Mai 1945 ein mühevoller Aufbau, auch bei der Nachholung der ersten „Frühjahrsbestellung" im Sommer 1945.

Durch die Bodenreform nach 1945 und die sozialistische Umgestaltung der Land- und Nahrungsgüterwirtschaft erhielt auch dieses Gebiet ein völlig neues Gepräge. Es entstand ein leistungsfähiger Standortkomplex der Land- und Nahrungsgüterwirtschaft, der vor allem auf die Frischgemüsebelieferung der Hauptstadt Berlin und der Arbeiterzentren des Bezirkes, auf die Bereitstellung von Gemüsekonserven, auf die Zuckergewinnung und auf die Fleisch- und Milchproduktion orientiert ist. Hohe Erträge bringen heute der umfangreiche Gemüse- und Zuckerrübenanbau, die Weizen- und Braugersteflächen sowie die Grünlandnutzung durch die Viehwirtschaft. In der Standortverteilung des Gemüseanbaus nimmt das Produktionsgebiet von Manschnow Gorgast, Werbig und Genschmar im mittleren Oderbruch einen hervorragenden Platz ein.

Exkursionsrouten

Route 1

Von Frankfurt längs des Randes der Lebuser Hochfläche über Lebus und Dolgelin über Seelow bis Oderberg.

Seelow

1252 als Dorf Zelou nachgewiesen, seit 1278 oppidum genannt; 1801 1349, 1868 3456, 1910 2860, 1939 3082, 1969 4732 und 1986 5610 Einwohner; seit jeher ausgedehnte Landwirtschaft auf der Hochfläche und in der Niederung; Fischfang im Oderarm; lange Zeit ohne wichtige Straßenverbindung; 1817 erster Straßenanschluß nach Gusow, später nach Frankfurt, schließlich Verbindung nach Kietz und Müncheberg–Berlin; 1867 erste Eisenbahnverbindung (Ostbahn), die jedoch über das 4 km nördlich gelegene Gusow führte; erst 1877 eigene Bahnverbindung (Frankfurt–Wriezen).

Die ökonomisch-geographische Bedeutung wird heute durch die Funktion als Kreisstadt charakterisiert. Daneben existieren Einrichtungen der Baustoff- und Baumaterialienindustrie, der Land- und Nahrungsgüterwirtschaft. Die Stadt ist Anziehungspunkt eines mäßig ausgeprägten Pendlerstromes aus der agrarischen Umgebung.

Um die *Seelower Höhen* entbrannten im Frühjahr 1945 erbitterte Kämpfe. Hier wurde die entscheidende Schlacht für die Befreiung Berlins eingeleitet. Am Ostrand von Seelow befinden sich das Ehrenmal und die „Militärhistorische Gedenkstätte der Befreiung auf den Seelower Höhen".

Über Gusow, Platkow (Randzertalung), Marxwalde (Schloß aus dem 18./19. Jahrhundert, Landschaftspark) und Altfriedland (Fischereiwirtschaft) gelangen wir nach Wriezen.

Bei Wriezen zwischen Bruch und Hochfläche die „Wriezener Terrasse", eingeschaltet, ein Schotterkörper, der zum Noteć-Ransow-Urstromtal gehört und im Verlaufe des Zerfalls des Pommerschen Stadiums entstand.

Wriezen,

an einer Stelle errichtet, wo die Alte Oder erstmalig den Westrand erreichte; Land- und Forstwirtschaft, Weidewirtschaft, Fischerei und Schiffahrt, günstige Verkehrsverbindungen.; 1300 Vrietznam, seit Mitte des 19. Jahrhunderts Wriezen genannt; 1303 als civitas, 1320 als oppidum bekannt; 1801 3754, 1910 7405, 1939 7746, 1969 5665 und 1986 7154 Einwohner; vom 15. bis 18. Jahrhundert ausgedehnter Weinbau; Fischerei; Bierbrauerei und Branntweinbrennerei;Textil- und Ledergewerbe; im 19. Jahrhundert Ansiedlung erster Industrieunternehmen: 1853 Maschinenfabrik, 1863 Eisengießerei, 1904 Zementwarenfabrik, von 1850/ 1860 Braunkohlenbergbau;

Die Verlegung des Oderlaufes 1753 an die Ostseite der Niederung brachte einschneidende wirtschaftliche Veränderungen, insbesondere Verfall der Schiffahrt; Nachteile wurden aufgewogen durch Urbarmachung des Oderbruches: Wriezen wurde Ankaufzentrum für landwirtschaftliche Produkte; der Fischmarkt blieb stets bedeutend. 1867 erhielt Wriezen Eisenbahnanschluß (Wriezen–Eberswalde).

Die ökonomisch-geographische Struktur der Gegenwart wird durch Einrichtungen der Land- und Nahrungsgüterwirtschaft, durch Maschinen- und Fahrzeugbau, durch Baustoff- und Baumaterialienindustrie bestimmt. Für viele Oderbruchgemeinden ist der Ort bedeutend als Einkaufszentrum.

Längs des Oderbruchrandes nach Altranft sind Mündungen von Periglaziärtälern und Schwemmkegel zu beobachten.

Altranft

Dorfgemeinde mit sehenswerten alten Häusern und ehemaligem Rittergut; 1801 455, 1939 956, 1970 1065 und 1986 928 Einwohner; vorwiegend Landwirtschaft und Fischerei; hier liegt die Mündung des aus dem Barnim kommenden Periglazialtales „Rotes Land"; davor zwei zum Tal „Rotes Land" gehörende Schwemmkegel, auf deren unterem der Ort Altranft steht.

Bad Freienwalde

Kreisstadt, Kurort und Moorbad; Konzentrationspunkt für Verkehrseinrichtungen, Gewerbe, Handel und Industrie; 1316 als Vrienwalde, 1840 als Freyenwalde, seit 1924 als Bad Freienwalde bezeichnet; 1364 offene Stadt, 1375 civitas, 1477 nur stedeken genannt; drei Siedlungskerne: Burg mit Marktflecken (städtische Ansiedlung) und die beiden slawischen Dörfer (1928 eingemeindet) Kietz und Tornow; beide einst Fischersiedlungen; mit der Urbarmachung des Oderbruches Umwandlung in Ackerbauerndörfer; Ursprung der deutschen Siedlung (am Fuße der Burg) war der Warteplatz der Fuhrwerke in der Nähe der Fähre (Handelsstraße Berlin–Livland–Moskau); er wurde im Laufe der Jahrhunderte zum Marktflecken ausgebaut. 1801 2119, 1871 5489, 1939 11416, 1969 11833 und 1986 11059 Einwohner. Ursprünglich Ackerbaustädtchen mit starker Viehzucht, die infolge Wiesenverschlechterung nach 1800 zurückging; früher ausgedehnter Weinbau, dafür seit 19. Jahrhundert Garten- und Obstbau; lange Zeit bedeutende Fischerei, Fischhandel, Bierbrauerei und Branntweinherstellung; Gerberei im 18. und 19. Jahrhundert; Bergbau in der Umgebung; 1717 Eröffnung des Alaunwerkes am Marienberg, bis 1742 mit einem Eisenhammer verbunden, später Umwandlung in Ziegelei und Tonwarenfabrik; 1818 bis 1904 Braunkohlenbergbau südöstlich von Freienwalde; bereits 1398 Handelsstraße von Frankfurt über Freienwalde nach Norden; 1866 erste Eisenbahnverbindung durch die Strecke Eberswalde–Wriezen.

Mineralquellen seit dem 14. Jahrhundert nachweisbar; seit 1683/84 für Kuren genutzt; seit 1685 zum Bad ausgebaut; nach 1815 weitere Brunnen eröffnet; seit 1840 zusätzlich Schwefel-Eisen-Moore für Kurzwecke erschlossen, so daß Freienwalde (seit 1924 als Bad Freienwalde) als Rheumakurort weithin bekannt wurde; Die ökonomisch-geographische Struktur der Gegenwart wird durch die Funktion als Kreisstadt, durch einige industrielle Unternehmen, besonders aber durch die Kur- und Erholungseinrichtungen bestimmt. – Sehenswürdigkeiten: Oderlandmuseum; „Haus der Naturpflege"; Pfarrkirche St. Nikolaus; Fachwerkkirche; Kurpark; Volkspark mit Schloß (1799; heute Kreiskulturhaus); zahlreiche markierte Wanderwege im Bereich des LSG „Freienwalder Waldkomplex" (43,4 km^2) im Nordosten des Barnim.

Falkenberg

Einst Fischerdorf, seit 19. Jahrhundert zum Luftkurort entwickelt; Ersterwähnung 1334 als villa valkenberg; nach Urbarmachung des Oderbruchs Land- und Viehwirtschaft; ab Mitte des 19. Jahrhunderts zunehmend Sitz für Pensionäre und Rentiers; Entwicklung zum Luftkurort; vom 1824 errichteten Aussichtspunkt (Karlsburg) Sicht über weite Teile des Oderbruchs; ab 1848 Braunkohlenbergbau (1905 eingestellt), 1801 Papiermühle, 1865 Eröffnung des Bahnhofes; nach 1945 VEB Falke (Korbmöbelherstellung), VEB Gebäudeausrüstung; Feriendienst des FDGB; 1969 2557 und 1986 1922 Einwohner.

Niederfinow

1258 als Vinowe, 1267 als Vinauie inferioris, 1308 als Stadt (civitas) Vinow bezeichnet; bedeutsam, als im 13. Jahrhundert von Pommern kommende Straße über Schwedt, Oderberg, vorbei am Plage-See, über Niederfinow, Falkenberg, Freienwalde nach Frankfurt verlief; Nutzung der Bruchwiesen; Ackerbau auf den Hochflächen; Fischerei, Tabakanbau; Ziegeleien ab Mitte 19. Jahrhundert, später Torfstecherei und Sandabbau; 1967 1164 und 1986 776 Einwohner; zwischen Struwenberg und Liepe Querung des Finowkanals und des Oder-Havel-Kanals.

Liepe

1233 Ort im slawischen Siedlungsgebiet terra Lipana (lipa = Linde); 1308 zum Kloster Chorin gehörend; Fischerei im Lieper See, Wiesennutzung im Bruch, Weinbau an Hängen ab 1375, Wald- und Holznutzung – Auf dem Lieper See sammelte man nicht nur das im Choriner Forst geschlagene Holz, sondern vor allem aus Polen über den Bromberger Kanal (heute Bydgoszcz-Kanal) angeflößte Kiefernstämme. – 1841 westlich des Ortes nimmt eine der größten Dampfschneidemühlen Norddeutschlands die Produktion auf, 1855 weiteres Sägewerk an Ostseite des Dorfes; günstige Schiffahrtsverbindung; seit 1847 befestigte Chaussee von Eberswalde nach Oderberg, die Liepe berührte.

Oderberg

1205 erste deutsche Burg, 1214 Oderbergen, seit 1231 Oderberg, 1231 Prämonstratenserkloster (1258 mit dem neugegründeten Zisterzienserkloster Marienberg, dann mit Chorin vereinigt). Oderberg schon 1259 civitas, im 14. Jh. oppidum; 1801 1716, 1910 3707, 1939 3559, 1969 4043 und 1986 3127 Einwohner;

Viehzucht, seit 1825 mit zunehmender Versandung der Wiesen zurückgegangen; Weinbau seit dem 14. Jahrhundert, später durch Obstbau ersetzt; Fischerei, Brauerei und Branntweinherstellung; im 19. Jahrhundert Entwicklung der Tabakindustrie, Stärkefabrik, Schiffbaubetriebe, holzverarbeitende Werke, Ziegeleien;

Die günstige Lage Oderbergs an einer Kreuzung von Land- und Wasserstraßen machte den Bau mehrerer Befestigungen notwendig, um die Übergänge und den Zollplatz, mit Niederlags- und Stapelrecht ausgestattet, zu schützen. Nach Aufhebung des Stapelrechts (1634) sank Oderberg zu bedeutungslosem Ort ab, durch den Bau der Neuen Oder (1747–1753) büßte die Stadt ihre Einkünfte vollends ein. Erst nach Anschluß an das Eisenbahnnetz und Nutzung des Oder-Havel-Kanals im 19. Jahrhundert wurde Oderberg durch Holzlagerplatz und sich entwickelnde Sägewerke und Werften wieder bekannt. – 1848 erste Kunststraße nach Eberswalde; 1877 erste Eisenbahnverbindung Angermünde–Freienwalde; 1914 Inbetriebnahme des Großschiffahrtsweges;

Die ökonomisch-geographische Struktur der Gegenwart wird durch die Schiffswerft sowie durch Handwerk, Gewerbe und Landwirtschaft bestimmt. – Zentralörtliche Bedeutung für die ländliche Umgebung; zahlreiche Auspendler in die Industrien der Eberswalder Pforte sowie nach Angermünde und Bad Freienwalde; Besichtigungswert: Versuchspflanzen des Instituts für Forstwissenschaften Eberswalde; Heimatmuseum (u.a. Geschichte der Binnenschiffahrt); Burgruine Bärenkasten (1355–1373 erbaut);

Die Rückfahrt führt über die Neuenhagener Insel, Bad Freienwalde und Altranft nach Wriezen, dann durch die Niederung des Oderbruchs in Richtung Letschin, Zechin und Golzow, nach Gorgast und Manschnow (Treibhausanlagen), nach Rathstock und Podelzig, dann über Lebus zurück nach Frankfurt (Oder).

Route 2

Von Frankfurt (Oder) nach Güldendorf und zu den Lossower Bergen

Vom Alten Wasserturm zum vorderen Güldendorfer Mühlental mit Ober-, Mittel- und Vordermühle, weiter nach Güldendorf (seit 1336 Gutsdorf; einst Landwirtschaft, Weinbau auf Südhängen, Mühlengewerbe); auf Dorfstraße nach Westen zum „Märkischen Naturgarten" (z.T.

ehemaliger Gutspark, Eichen – Hainbuchenwald mit anschließendem Kiefernmischwald) bis zum Faulen See (Verlandungsvegetation); erneut über Güldendorf und den Hospitalweg in das Güldendorfer Mühlental; nach Norden gerichtete Talhänge hauptsächlich waldbedeckt; auf südexponierten Hängen Acker- und Gartenbau, Obstanlagen (früher Weinberge); abwärts über Hospitalmühle, Mauckmühle (später Rink-Mühle) und Talmühle zur Oderallee im Niveau einer Talsandterrasse des Odertals.

Route 3
Von Frankfurt (Oder) zum Lossower Burgwall

Auf der Oderallee nach Süden; gegenüber nach Guben abbiegender Straße auf Feldweg in das NSG Eichwald (Silberweiden-Auenwald, Stieleichen-Ulmen-Auenwald, an verlandenden Altwässern auch Erlenbruchwald); zurück zur ehemaligen Buschmühle, auf Fußweg längs des Steilhanges nach Süden, wo Oder an Höhenrand herantritt, wird Steile Wand erreicht, ein durch den Fluß ständig unterspülter Abbruch der Lebuser Hochfläche, Teilbereich des Durchbruches der periglaziären Oder aus dem Berliner Urstromtal zum Oderbruch; weiter zum Lossower Burgwall, einer der größten und besterhaltenen vorgeschichtlichen Burganlagen Brandenburgs (Anlage der Lausitzer Kultur; zentraler Verwaltungsmittelpunkt und auch Heiligtum eines bestimmten Territoriums; die Gründung der Stadt Frankfurt (Oder) hatte zur Folge, daß der Lossower Burgwall seine Bedeutung für den Schutz des Oderpasses verlor);
Von der Höhe des den Oderpaß eindrucksvoll beherrschenden Burgwalls bietet sich ein guter Überblick über das Odertal mit Wiesen und größeren Auenwaldresten, auf die das Odertal auf der Ostseite begrenzenden Hochflächen, auf die im Süden gelegene Mulde des Berliner Urstromtales sowie auf die meist flachwellige, randlich stark zertalte Lebuser Hochfläche im Westen.

Route 4
Von Frankfurt (Oder) über Lebus zum Reitweiner Sporn

Von der Straßenbahn-Endhaltestelle „Neue Welt" nach Norden: Wendischer Hof; Naturdenkmal prähistorischer Burgwall Kirchberg; links Steilabfall der Lebuser Hochfläche, rechts Odertal mit Überschwemmungswiesen und Auwaldresten; von zahlreichen Seitentälern in Vorsprünge und Rücken zerlegter Hangbereich; Steppen- bzw. Sandtrockenrasen; Querung des Tales des Mühlenfließes (feuchter Erlen-Eschenwald); vorbei am Lebuser Unterkrug nach Lebus;

Lebus
Kleinstadt; 1967 1781 und 1986 1740 Einwohner; als wichtige Burganlage an einem Oderpaß der bedeutendste Ort an der mittleren Oder; vor etwa 900 Jahren Sitz eines polnischen Kastellans.

Auf steil zur Oderniederung abfallenden Erhebungen entstanden Befestigungen, u. a. eine vielumkämpfte Burg. Die Gründung des Bistums Lebus erfolgte noch vor 1133 (1598 säkularisiert). 1225 bis 1233 dürfte der Marktort am Fuß der Befestigung gegründet worden sein. Das Aufblühen der benachbarten Stadt Frankfurt (Oder) und die Verlagerung des die Oder überschreitenden Verkehrs zu dem dort von der Natur begünstigten Oderpaß brachten Stagnation und Niedergang des Gemeinwesens im 14. Jahrhundert, ließen es auf den Rang eines Ackerbürger- und Fischerstädtchens absinken. Während des Zweiten Weltkrieges wurde die Stadt durch Kampfhandlungen schwer zerstört.

Die Landwirtschaft blieb bis zur Gegenwart der wichtigste Wirtschaftszweig. Äcker liegen auf der Höhenfeldmark; auffallend ist der große Anteil an Gartenland und Viehweiden; bei letzteren handelt es sich um nicht eingedeichtes Land in der Oderniederung. Durch die Nähe der Bezirksstadt ist die Landwirtschaft z. T. spezialisiert (Gemüse-, Obst- und Blumenbau). Ein beträchtlicher Teil der Lebuser Wohnbevölkerung sucht täglich Arbeitsplätze in Frankfurt (Oder) auf und betreibt in Lebus z. T. ein landwirtschaftliches Nebengewerbe.

Vom Schloßberg (Aussichtspunkt) geht es wieder zum Odertal hinab, über Klessin und Wuhden (Zeisigberg mit Schlehengebüsch und Haargrasrasen) entlang der Hänge des Reitweiner Sporns (Kiefernforsten; aufgeforstete Robinienwälder; Adonis vernalis) und kurz vor Reitwein auf Fußweg durch eine Schlucht (Eichen-Hainbuchenwald) auf die Hochfläche hinauf zum sogenannten Reitweiner Sporn, der das Lebuser Bruch vom eigentlichen Oderbruch trennt. Auf ihm erheben sich die Wallberge mit einer frühgeschichtlichen Burganlage, einst der politische, administrative und kulturelle Mittelpunkt einer größeren slawischen Gemeinschaft. Dieser Standort gestattet einen Blick über die ebene, von Altwässern durchzogene, waldfreie Niederungslandschaft des oberen Oderbruchs bis hin zu den ausgedehnten Gewächshausanlagen der Siedlungen im Raum Golzow, Gorgast und Manschnow.

Reitwein
1967 797, 1986 505 Einwohner, am Fuße des Sporns, erstmalig 1316 als Ruthewyn erwähnt;
Die Funktion der Gemeinde wird auch heute noch von der Landwirtschaft bestimmt. In der Mitte des 19. Jahrhunderts traten Bienenzucht und Fischerei stärker hervor. Der Ort besaß für viele Oderbruchgemeinden eine gewisse Zentralität, besonders für die Streusiedlungen (Reitweiner Heiratsmarkt).

3. Eberswalder Urstromtalung und die Pommersche Eisrandlage um Chorin

Die Exkursion ist in besonderem Maße geeignet, deutlich zu machen, wie sich der Wissensstand der modernen Geographie dialektisch, d. h. im Kampf der Meinungen, entwickelt hat.

Vier Jahre nach der denkwürdigen Diskussion der Glazial- oder Inlandeistheorie (1875 in Berlin), zu der sich der Schwede O. TORELL durchgerungen und die er anhand von Gletscherschrammen sowie -schliffen des Rüdersdorfer Muschelkalkes erörtert hatte, verknüpfte G. BERENDT (1879) Höhenrücken, die nach seiner Ansicht vom Inlandeis emporgedrückt worden sein sollten, mit Urstromtalungen. Die großen Talungen selbst waren bereits über zwei Jahrzehnte zuvor in der erdwissenschaftlichen Literatur bekannt gemacht worden (H. GIRARD 1855).

Die modellartige Ausbildung der Pommerschen Eisrandlage zwischen dem Oderbruch und Joachimsthal ließ die Umgebung von Chorin zu einem klassischen Gebiet glaziärer Relieferforschung im mitteleuropäischen Tiefland werden.

Das genannte Gebiet erhielt seine wesentliche Gestaltung in der Wende von der Weichselhoch- zur Weichselspätglazialzeit. Direkt im Bereich von Chorin und Eberswalde verband BERENDT (1888) die Pommersche Eisrandlage, damals „südliche baltische Endmoräne" genannt, mit der Eberswalder Urstromtalung – von ihm seinerzeit als „Eberswalder Hauptthal" bezeichnet.

Obwohl A. PENCK (1882) zu dieser Zeit schon in den Alpen und deren nördlichem Vorland eine immer wiederkehrende Formengemeinschaft an ehemaligen Gletscherrändern erkannt hatte, waren diese Verhältnisse im mitteleuropäischen Tiefland noch nicht erkundet. Den Begriff „glaziale Serie" dafür prägte schließlich ebenfalls A. PENCK. Im Februar 1902 wurde er publiziert (in: A. PENCK u. E. BRÜCKNER: Die Alpen im Eiszeitalter. Leipzig 1901–1909).

Die Verknüpfung des Parsteiner und Joachimsthaler Endmoränenbogens mit den in ihrem Rückland vermuteten „flachen Stauseen" und dem „Eberswalder Hauptthal" wurde über „Schmelzwasser" vorgenommen.

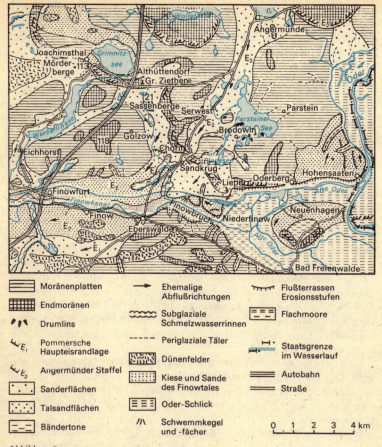

Abbildung 6
Geomorphologische Übersichtskarte des Eberswalder Urstromtales und der südlichen Uckermark

Legende:

Moränenplatten	Ehemalige Abflußrichtungen
Endmoränen	Subglaziale Schmelzwasserrinnen
Drumlins	Periglaziale Täler
E_1 Pommersche Haupteisrandlage	Dünenfelder
E_2 Angermünder Staffel	Kiese und Sande des Finowtales
Sanderflächen	Oder-Schlick
Talsandflächen	Schwemmkegel und -fächer
Bändertone	Flußterrassen Erosionsstufen
	Flachmoore
	Staatsgrenze im Wasserlauf
	Autobahn
	Straße

0 1 2 3 4 km

Diese stellte man sich als eine durch fließendes Wasser geschaffene Verbindung zwischen den Stauseen und dem Eberswalder Haupttal vor. Die tiefsten Bereiche dieser damals für Abflußrinnen gehaltenen Gebilde zeigen sich in den noch heute existierenden Seen.

Abgelöst wurde diese Auffassung durch den Vergleich mit isländischen Verhältnissen. Dort sind die weiten durch Schmelzwasser aufgeschütteten Sand-Kies-Ebenen, die Sander, deutlich mit dem Gletscherrand verknüpft. Noch vor der Jahrhundertwende gelang es, feste Beziehungen zwischen ehemaligen Inlandeisrändern, den davor ausgebreiteten

Schmelzwasserabsätzen und Urstromtälern nachzuweisen (K. KEILHACK 1899). Mit diesem Nachweis konnte die gleichzeitige Anlage der Formengemeinschaft am Inlandeisrand dokumentiert werden. Damit war der Boden bereitet, auch im mitteleuropäischen Tiefland eine „glaciale Serie" als etwa gleichzeitig entstandene und folglich nahezu gleichaltrige Formengemeinschaft an ehemaligen Inlandeisrändern zu deuten.

Die Pommersche Eisrandlage zeigt sich im Gelände in den beiden genannten Hauptbögen (Abb. 6), in denen beispielhaft ausgebildete Zungenbecken liegen. Dabei ist der Parsteiner Bogen in einige Spezialbögen untergliedert. Sie haben eine anmutig bewegte Landschaft hervorgerufen. Vor den Endmoränenbögen breiten sich die allmählich zum Eberswalder Urstromtal geneigten Schmelzwasserebenen, die Sander, aus. Während sie im westlichen Bereich von Hochflächen eingeengt sind (Schorfheidebereiche, Hochfläche der Voigtwiese, Britzer Hochfläche und weitere kleinere), begleiten sie den östlichen Bereich in einer breiten Sanderborte. Aufgefangen werden die Sander schließlich durch den Havel- und Finowabschnitt der Eberswalder Urstromtalung. In ihn hat die Havel schon unter periglaziären Verhältnissen einen flachen und weiten Schwemmkegel geschüttet, während sich die Finow — mit dem etappenhaften Absinken der Erosionsbasis im Finow- und Niederoderbruch infolge Abschmelzens verschütteter Inlandeisrestkörper — ein terrassiertes Tal geschaffen hat. Die Zerschneidung des Urstromtalbodens durch die Finow und ihre Nebenflüsse sowie das Austauen von Inlandeisrestkörpern in der Wende von der bisher jüngsten Kalt- zu unserer heutigen Warmzeit komplizierten insgesamt die Erforschung.

Von der Jahrhundertwende bis in die Mitte der 50er Jahre galt die Ansicht, daß die vor der Pommerschen Endmoräne ausgebreiteten Sander stufenlos in den Urstromtalboden in 36 m über NN übergingen und somit eine glaziäre Serie mit etwa gleichzeitig und deshalb ungefähr gleichalten Gliedern vorläge.

Bereits in den Anfängen der Glazialforschung im Choriner Raum war eine Lücke in der Endmoräne aufgefallen. Über sie sollte ein Schmelzwasserabfluß aus dem „Choriner Stausee" in das Vorland und zum „Eberswalder Hauptthal" geführt haben (BERENDT 1888). 1899 wurde sie als „thalartige Unterbrechung" (52 m NN) charakterisiert. In dieser rund 400 m breiten Lücke, der „thalartigen Unterbrechung", wurde das Kloster Chorin erbaut. Zunächst wurde diese „thalartige Unterbrechung" als Durchbruchstal, geschaffen von überlaufendem Schmelzwasser aus dem „Choriner Stausee", aufgefaßt. In der Mitte der 30er Jahre deutete sie H. LOUIS (1936) als Gletschertor. Ein Problem war jedoch die Deutung des steilen Abfalls des Sanders am Amtsweg zwischen Kloster Chorin und Liepe.

1936 hatte H. LOUIS außerdem eine Stufe zwischen zwei Sanderniveaus südwestlich des Dorfes Chorin gefunden und in die dem Aufsatz beigegebene Karte eingetragen.

Während sonst in der Umgebung von Chorin die Gletschertore in etwa 75 m NN liegen, befindet sich das Gletschertor von Kloster Chorin in einer Höhe von ungefähr 52 m NN. Es sollte nach H. Louis als „Hauptgletschertor" noch funktioniert haben, als der Schmelzwasserabfluß aus den höher liegenden und kleineren Gletschertoren (um 75 m NN) bereits versiegt war. Die obere Sanderfläche bei Chorin verband H. Louis daher mit den kleinen und höher liegenden Gletschertoren in der Pommerschen oder „Baltischen Endmoräne". Die untere Sanderfläche – mit der Stufe zwischen den beiden Sanderniveaus südwestlich des Dorfes Chorin – verknüpfte er mit dem „Hauptgletschertor" von Kloster Chorin und deutete sie – wie das „Hauptgletschertor" von Kloster Chorin – als „im wesentlichen gleichalt mit der Baltischen Endmoräne".

Diese Lösung komplizierte wiederum eine höhere Urstromtalterrasse in 46–48 m NN, die H. Lembke in der bislang als „gleichwertig" kartierten Hauptterrasse des Eberswalder Urstromtals (in 36–37 m NN) nördlich von Melchow, am Südrand des Urstromtals, fand (H. Lembke 1939).

Aufgrund dieser Befunde ergab sich folgende Problemstellung: Stehen Pommersche Eisrandlage und die Hauptterrasse in 36–37 m NN in direktem Zusammenhang, dann muß ein stufenloser Übergang aus der Hauptterrasse über die Sander der Pommerschen Eisrandlage bis in die Gletschertore dieser Endmoräne erfolgen. Wenn jedoch Urstromtalterrassen in zwei unterschiedlich hohen Niveaus oder wenn am Urstromtalnordrand unterschnittene Sander oder wenn zwei durch einen Unterschneidungsrand getrennte Sanderniveaus zwischen dem Urstromtal und der Pommerschen Eisrandlage zu beobachten sind, so muß Schmelzwasser einer jüngeren Eisrandlage die Pommersche Endmoräne durchbrochen, die Sander der Pommerschen Eisrandlage unterschnitten und sich in den höheren Urstromtalboden (46–48 m NN) eingetieft haben.

Das untere Sanderniveau läßt sich nördlich von Eberswalde stufenlos aus der Hauptterrasse des Eberswalder Urstromtals (36 m NN) bis zur Unterschneidungskante (48 m NN) südwestlich des Dorfes Chorin nachweisen. H. Louis (1936) verknüpfte es mit dem „Hauptgletschertor" von Kloster Chorin. 1956/57 interpretierte H. Liedtke das „Hauptgletschertor" von H. Louis (1936), die „thalartige Unterbrechung", wieder als Schmelzwasserdurchbruch. Sollte ehemals Schmelzwasser aus dem „Choriner Stausee" den Durchbruch verursacht haben, so wurde er nun als Schmelzwasserdurchbruch von einer jüngeren Eisrandlage her, der Angermünder Staffel, aufgefaßt (H. Liedtke 1956/57). Das untere Sanderniveau konnte durch die „thalartige Unterbrechung" von Kloster Chorin im Rückland der Pommerschen Endmoräne bis zur Angermünder Staffel verfolgt werden.

Infolgedessen ist die Hauptterrasse in der Eberswalder Urstromtalung (36 m NN) jünger als die Pommersche Eisrandlage, weil der stufenlos in sie einmündende und damit gleichaltrige untere Sander die Erosionskante am höheren Sander südwestlich des Dorfes Chorin verursacht hat, weil er weiterhin durch die „thalartige Unterbrechung" von Kloster Chorin – in der Pommerschen Endmoräne – führt und weil er sich schließlich bis zur Angermünder Staffel fortsetzt und verfolgen läßt. Die Hauptterrasse (36 m NN) in der Eberswalder Urstromtalung, das untere Sanderniveau (Angermünder Sander) und die Angermünder Staffel bilden somit eine jüngere glaziäre Serie, die in die ältere mit der Pommerschen Eisrandlage, den Pommerschen Sandern und der 46 bis 48-m-Terrasse in der Eberswalder Talung eingeschachtelt ist (geomorphologische Verzahnung zweier glaziärer Serien, J. MARCINEK 1969).

1956/57 konnte in der Eberswalder Urstromtalung ein drittes Niveau in rund 40 m NN ausgeschieden werden (H. LIEDTKE 1956/57). Es wurde als ein flächenhaft über einem ausgetauten Inlandeisrestkörper abgesunkener höherer Niveaubereich gedeutet. 1978 wurde dieses Niveau als Abflußbahn einer dritten glaziären Serie interpretiert (F. BROSE 1978). Zu ihr soll die Parsteiner Staffel mit entsprechenden Schmelzwasserablagerungen und -abflußwegen durch die Pommersche Eisrandlage und das 40-m-Niveau in der Eberswalder Urstromtalung gehören.

Die Ineinanderschachtelung von glaziären Serien ist – nach neueren Forschungen – ebensowenig wie das mehrfache Durchfließen von Urstromtalungen bzw. von Urstromtalungsabschnitten im mitteleuropäischen Tiefland ein Einzelfall.

Das Gewässernetz des Exkursionsgebietes zeigt die Unübersichtlichkeit und den Seenreichtum als charakteristische Merkmale eines Jungmoränenlandes. Wie das Relief hat es sich mit und seit der weichselkaltzeitlichen Inlandeisbedeckung über mehrere Phasen entwickelt. Auf dem Grundgerüst des Schmelzwasserabflusses bildete sich in mehrstufiger Entwicklung (mehrere Sanderniveaus und Terrassen in der Urstromtalung – glazifluviale Phase) unter noch kaltzeitlichen Verhältnissen auf Dauerfrostboden und über verschütteten Inlandeisresten – ebenfalls mehrstufig – das periglaziäre Gewässernetz (Finow und Nebenflüsse – periglazifluviale Phase). Es entstand auf dem vom Inlandeis und seinen Schmelzwässern geschaffenen Relief und folgte dessen Abdachungen. Gespeist wurde es zu dieser Zeit nur noch von Schneeschmelzwässern und Regen. Rasch weiteten sich die kleinen, lokalen Einzugsgebiete aus.

Die Seebeckenbildung vollzog sich vorwiegend unterhalb des Inlandeises. An die Beckenbildungsphase schloß sich eine Beckenerhaltungsphase an. In ihr wurden die Inlandeisreste konserviert und bis zum Ende der Kaltzeit in den Vertiefungen, die sie ganz oder teilweise plombierten, erhalten. Dabei existierten während der Kaltzeit vorübergehend zahlreiche Seen in dem vom Inlandeis unregelmäßig geformten, hohlformreichen Relief. Erst in der Wende von der Kalt- zur Warmzeit formierte sich das gegenwärtige Gewässernetz (spätglazial-altholozäne Übergangsphase, Seenbildungsphase). Das Schwinden des Dauerfrostbodens und das Austauen der verschütteten Inlandeisreste im Verein mit Laufverlegungen und einem Regimewandel im Abfluß sowie die Verkleinerung der an die

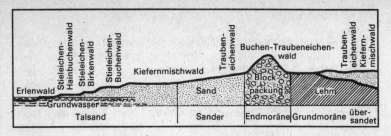

Abbildung 7
Zusammenhang der Waldgesellschaften und Typen der glazialen Serie
(nach SCAMONI)

weiterführende Entwässerung angeschlossenen Fläche charakterisieren hauptsächlich diese Phase als einen markanten Einschnitt. In der folgenden natürlich holozänen Phase liefen die Prozesse unter Waldbedeckung nur stark gebremst ab (Verlandungsvorgänge, gehemmte Erosion). Erst der Mensch beschleunigte großenteils die natürlichen Prozesse in der anthropogen beeinflußten holozänen Phase und griff sichtbar in das Gewässernetz ein.

Im Exkursionsgebiet lassen sich u.a. unterschiedliche Seetypen hinsichtlich ihrer Genese und Trophie beobachten (z. B. Schmaler Rinnensee: Üdersee – polytroph; breiter Rinnensee: Werbellinsee – mesotroph; Zungenbeckensee: Grimnitzsee – polytroph; Kombinationssee: Parsteiner See – kleiner Nordteil: polytroph, großer Südteil: mesotroph; Faltensee: Pinnowseen in der Schorfheide; Plötzendiebel bei Joachimsthal – dystroph).

Mit großer Deutlichkeit lassen sich gesellschaftliche Eingriffe im Gewässernetz wahrnehmen. Künstliche Durchstiche durch die Pommersche Endmoräne schlossen den Grimnitzsee über den Werbellin und dessen Abfluß an die Havel und somit an das Einzugsgebiet der Elbe an, während der Parsteiner See einschließlich eines großen Binneneinzugsbereiches über den Nettelgraben mit der Ragöse, einem Nebenfluß der Finow, über die Finow der Oder tributär wurde. Die Havel – und über sie die Elbe – und Oder konnten schon früh durch Kanäle verbunden werden. Um 1540 bestanden bereits erste Pläne. Nach dem Bau des ersten Finowkanals (Bau 1605–1620), der im Dreißigjährigen Krieg verfiel, floß die obere Havel zeitweilig über die Finow zur Oder. Der zweite Finowkanal (Bau: 1743–1746) nutzte – entsprechend dem Entwicklungsstand der Produktivkräfte – die periglaziäre Zertalung durch die Finow in der Eberswalder Urstromtalung aus. Erst mit der weiteren Entwicklung der Produktivkräfte konnte die Urstromtalhauptterrasse in 36 m NN genutzt werden. Sie erlaubte es, den Oder-Havel-Kanal zwischen der Lehnitz-Schleuse bei Oranienburg und dem Schiffshebewerk Niederfinow schleusenlos zu führen.

Exkursionsrouten

Für den Besuch des Exkursionsgebietes werden zwei Routen empfohlen: 1. eine längere, die die im Überblick erwähnten wesentlichen Sachverhalte und Erscheinungen vorführt und nur mit einem Autobus an einem Tag zu bewältigen ist, und 2. eine kürzere, die von Eberswalde nach dem Dorf Chorin verläuft und bei der eventuell der Bänderton von Macherslust, der Kanaldamm und das Kloster Chorin aufgesucht werden können und die mittels einer Fußwanderung in die Problematik der Ineinanderschachtelung von glaziären Serien einführt.

1. Route

Von Frankfurt (Oder), Berlin oder Potsdam führt die Anfahrt über die Autobahn: Berliner Ring in Richtung Prenzlau bis zur Autobahnabfahrt Finowfurt. Von dort verläuft die Route über den Oder-Havel-Kanal auf der Straße westwärts in Richtung Liebenwalde zum Sanderaufschluß am Pechteich (rund 4 km SSW von Eichhorst) zum unterschnittenen Werbellin-Sander der Pommerschen Eisrandlage. Eine zehn Meter hohe Stufe trennt hier den Werbellin-Sander und das 36-m-Niveau in der Eberswalder Urstromtalung. Die Sanderschichten streichen in die Luft aus, womit eindeutig die erosive Unterschneidung angezeigt wird. Über ausgetauten Inlandeisresten fallen die abgesunkenen Schichten leicht nach Südwesten ein, wobei Störungen als Folgewirkungen des Austauens verschütteten Inlandeises festzustellen sind.

Die Weiterfahrt geht über Eichhorst und am Westufer des Werbellins (786 ha, etwa 10 km lang, 700 bis 1200 m breit, maximal 55 m tief, Kryptodepression, breiter Rinnensee, mesotroph) entlang. Bei Elsenau, am Nordende des Werbellins, wird Grobkeramik aus hochgestauchtem, mitteloligozänem Septarienton (Rupelton) produziert. In der ehemaligen Sand- und Kiesgrube im Werbellin-Sander, rund 1,5 km nordöstlich von Elsenau, sind insgesamt nach Südwesten fallende Schichten mit zahlreichen kleinen Verwerfungen aufgeschlossen.

Südöstlich von Joachimsthal wird die Pommersche Endmoräne überquert. Joachimsthal, eine Kleinstadt im Kreis Eberswalde mit etwa 3900 Einwohnern, wurde 1604 gegründet (1602 erste märkische Glashütte, 1607 Joachimsthaler Gymnasium – 1655 nach Berlin verlegt –, Tonwarenfabrik, Sägewerke und Ziegeleien in der Umgebung, 1899 Eröffnung der Bahnlinie nach Eberswalde, heute beliebter Urlaubs- und Erholungsort). Die Weiterfahrt erfolgt auf der Straße nach Angermünde. Kurz vor der Autobahnauffahrt Joachimsthal führt die Straße auf die Pommersche Endmoräne hinauf. Wegen des ehemaligen Abbaus der gewaltigen Blockpackung (deshalb: Uckermärkischer Geschiebewall) ist die Pommersche Endmoräne hier von zahlreichen Steingruben zernarbt. Nach der Autobahnauffahrt verläuft die Straße noch etwa einen Kilometer auf der Pommerschen Endmoräne, ehe diese verlassen wird und sich die Straße dann südlich der Ihlowberge (Teil der Pommerschen Endmoräne) entlangzieht. In der nordwärts einspringenden Endmoräne bei Althüttendorf befindet sich ein großer aufgelassener Aufschluß in der Blockpackung. Im Zwickel der Pommerschen Endmoräne liegt ein Sander. Geringmächtige, lößähnliche Ablagerungen auf dem Sander ermöglichten die Ackernutzung. Der Kies wird zur Betonherstellung abgebaut (im Sander: Eiskeilpseudomorphosen, Frostspalten, Verwürgungen).

Westlich von Groß Ziethen wird wiederum die Pommersche Eisrandlage gequert und schließlich in der Nähe des Rosinberges (81 m NN, etwa 3 km NNE von Serwest, an der Fernverkehrsstraße 2) der toteisgestörte, breite Angermünder Sander erreicht. Der Rosinberg, vermutlich wie weitere Kuppen bei Brodowin im Parsteiner Hauptbogen, ein Drumlin, gewährt einen lehrbuchhaften Überblick von den Endmoränenbögen der Pommerschen Eisrandlage im Süden über das Stammzungenbecken mit dem Parsteiner See und über den Angermünder Sander bis zu den Höhen der Angermünder Staffel im Norden.

Auf der Fernverkehrsstraße 2 führt der weitere Weg südwärts über den Angermünder Sander zum Durchbruch in der Pommerschen Endmoräne (52 m NN) mit dem Kloster Chorin (Zisterzienser-Kloster, 1273 gegründet, Baubeginn zuvor 1258 am Parsteiner See, 1542 säkularisiert, Klosterkirche: dreischiffige Pfeilerbasilika mit wertvollem Westgiebel, Ruinen sorgfältig erhalten – Nettelgraben: künstlicher Durchstich zur Erweiterung der peripheren Entwässerung). Es kann mit dem Bus nach dem Dorf Chorin gefahren oder ein Fußmarsch von rund 2 km zum Dorf Chorin eingelegt werden. Im Südwesten des Dorfes liegt, südwestlich der Bahnbrücke, die Unterschneidungskante zwischen Ragöse-Sander (55 m NN – oberes Sanderniveau) und dem Angermünder Sander (48 m – unteres Sanderniveau).

Die Rückfahrt oder der Rückweg erfolgt zum Durchbruch von Kloster Chorin und die Weiterfahrt über die Fernverkehrsstraße 2 bis südlich des Hauses am Stadtsee. Dort wird in westlicher Richtung nach Kolonie Britz abgebogen, wo die Fläche des Angermünder Sanders westlich des Stadtsees in rund 40 m NN liegt. Der Bus kehrt von dort auf die Fernverkehrsstraße 2 zurück, wo dann an der Eberswalder Wassertorbrücke (Oder-Havel-Kanal) das 36-m-Niveau in der Eberswalder Urstromtalung erreicht wird. Etwa 1,5 km südlich der Brücke wird vor der Schranke auf die Straße nach Oderberg (in östlicher Richtung) eingebogen. Nach ungefähr 1 km wird Macherslust mit der Bändertongrube am Vivatsberg passiert (über ausgetauten Inlandeisresten abgesunkene Bändertone mit Verwerfungen). Die Weiterfahrt verläuft über die Ragöse (rund 1 km nördlich der Straße der bis zur Krone 29 m hohe Kanaldamm) zum Schiffshebewerk Niederfinow (Überbrückung des rund 36 m hohen Unterschieds zwischen Niederoderbruch und Urstromtalhauptterrasse in 36 m NN, daneben die ältere Schleusentreppe mit vier Schleusen). Nach der Fahrt durch Niederfinow und nach Überquerung des Finow-Kanals führt die Route auf den Barnim hinauf. Etwa 1,5 km nordnordöstlich von Hohenfinow zeigt ein Überblick vom Barnimnordrand den Finowabschnitt der Eberswalder Urstromtalung, das Vorland der Pommerschen Eisrandlage, die Höhen der Pommerschen Endmoräne, das Finowbruch, das Niederoderbruch, den subrezenten Oderprallhang bei Liepe, die Hohensaatener Terrasse, die Neuenhagener Oderinsel und das Schiffshebewerk Niederfinow.

Die Rückfahrt nach Berlin oder Potsdam über Eberswalde führt südwestlich von Eberswalde und bald südwestlich von Spechthausen über das 47-m-Niveau in der Eberswalder Talung. Rund 3,5 km nordöstlich von Melchow wird der Barnimnordrand oder der Südrand der Eberswalder Urstromtalung gequert. In diesem Bereich liegt ein großes Dünenfeld, das sich aus der Urstromtalung auf den Barnim hinaufzieht.

2. Route

Diese Route beginnt mit einer Bahnfahrt nach Eberswalde. Vom Bahnhof führt die Straße ostwärts zur Brücke über den Finow-Kanal in die Nähe einer der Schleusen. Nach Überquerung der Brücke wird die Fernverkehrsstraße 2 bis zum Bahnübergang benutzt. Von dort geht die Route entweder sofort über einen Anstieg auf das 36-m-Niveau in der Eberswalder Urstromtalung zur Eberswalder Wassertorbrücke (Oder-Havel-Kanal, westlich der Brücke: Hafengelände) oder ostwärts auf der Straße nach Macherslust zur Bändertongrube am Vivatsberg und weiter zum Kanaldamm und von dort längs des Oder-Havel-Kanals zur Eberswalder Wassertorbrücke. Weniger als 500 m nördlich der Brücke wird von der Fernverkehrsstraße 2 die Straße nach Nordwesten über die Stadtseerinne der Kolonie Britz eingeschlagen. Vor dem Bahnübergang (Angermünder Sander in 40 m NN) geht der weitere Weg nordwärts auf dem allmählich ansteigenden Sander zur Ragöse (Angermünder Sander in rund 46 m NN). Vor Überquerung der Ragöse verläuft die Route über die Bahnlinie (Schranke) und nordwestlich der Bahnlinie über die Ragöse und weiter über den Sander über ein periglaziäres Trockental zum Waldrand und zur Unterschneidungskante südwestlich des Dorfes Chorin (Angermünder Sander in 48 m NN, Ragöse-Sander in 55 m NN). Über den Ragöse-Sander läßt sich der Waldrand und mit ihm die Pommersche Endmoräne erreichen (Blockpackung, aufgelassene Gruben – in der Nähe kleine Gletschertore, vermoorte Kessel). Nach der Durchquerung der Endmoräne wird der Blick auf das endmoränenumschlossene Zweigzungenbecken zum Bahnhof Chorin Kloster am Nordrand des Dorfes Chorin freigegeben. Der weitere Weg führt über die Bahnbrücke am südwestlichen Dorfausgang in das Angerdorf entweder direkt zum Bahnhof oder mit einem Abstecher über das Kloster Chorin (Durchbruch durch die Pommersche Endmoräne, in ihm auch der künstliche Durchstich des Nettelgrabens) zurück zum Dorf und zum Bahnhof.

4. Industrie der Eberswalder Pforte

Die Eberswalder Pforte liegt im Bereich des gleichnamigen Urstromtales und erstreckt sich von dem Bereich Niederfinow/Oderberg im Osten bis in den Raum von Liebenwalde im Westen. Sie stellt einen natürlichen Übergang vom Oderbruch zur Havelniederung dar, der bereits seit dem 17. Jahrhundert für den Bau künstlicher Wasserstraßen (Finowkanal, Oder-Havel-Kanal) zur Herstellung der Verbindung zwischen den Stromsystemen der Oder und Havel/Elbe genutzt wurde. Der Bau der künstlichen Schiffahrtswege diente der Schaffung einer in west-östlicher Richtung laufenden Trasse für den Durchgangsverkehr Berlin—Stettin (heute Szczecin). Die bereits seit dem 16. Jahrhundert im Eberswalder Urstromtal vorhandene gewerbliche Produktion erhielt damit erhebliche Wachstumsimpulse, so daß die Kanäle neben ihrer Bedeutung für den Fern-Durchgangsverkehr in zunehmendem Maße Einfluß auf die industrielle Entwicklung der anliegenden Siedlungen nahmen. Bis in die Gegenwart bildet der Oder-Havel-Kanal eine günstige Voraussetzung für die wirtschaftliche Entwicklung des Gebietes. Die Standortverteilung der industriellen Großproduktion läßt deutlich erkennen, daß im Verlaufe der Jahrhunderte der östliche Teil des Eberswalder Urstromtales eine stärkere wirtschaftliche Entwicklung erfuhr als der westliche Teil. Stark tendenzbestimmend in dieser Hinsicht wirkte der Ausbau der Bahnstrecken Berlin—Eberswalde—Stettin (heute Szczecin – 1842) und Eberswalde—Wriezen—Frankfurt (Oder) (1866).

Das Finowtal gehört nach Umfang und Struktur zu den vier Gebieten regionaler Konzentration der Industrie im Bezirk Frankfurt. Der bedeutendste Industriestandort der Eberswalder Pforte ist die Kreisstadt Eberswalde-Finow. Weitere Industriestandorte befinden sich in Oderberg und Britz.

Eberswalde-Finow
1985 lebten in Eberswalde-Finow 54 239 Einwohner (Eberswalde 1969 33 614). Im Jahre 1970 wurden die bis dahin selbständigen Städte Ebers-

walde und Finow verwaltungsmäßig zusammengeschlossen. Seit 1952 ist Eberswalde Kreisstadt des gleichnamigen Landkreises. Eberswalde-Finow ist ein bedeutender Industriestandort.

Die Entwicklungsgeschichte des Ortes Eberswalde reicht wegen seiner verkehrsgünstigen Lage (Paßlage als Übergang über das Eberswalder Urstromtal) bis weit in das Mittelalter zurück. Auf dem nördlichsten Ausläufer der Barnimhochfläche, dem Hausberg, befand sich eine Burg aus der Zeit des Markgrafen OTTO II. (1184 bis 1205). Hier stellte der Markgraf ALBRECHT III. mehrfach Urkunden aus mit dem Ortsnamen Everswolde. Am Fuße des Hausberges benutzte die alte Straße von Berlin nach Stettin eine Furt in der Finow, die den Übergang von Barnim zur Uckermark ermöglichte. In der Nähe des Finowübergangs wurde wahrscheinlich am Ende des 12. Jahrhunderts im Zuge der Ostkolonisation Jacobsdorf angelegt, unterhalb des Hausberges Eversberg. Die Dörfer existierten 1300 nicht mehr selbständig, da der Markgraf nach 1284 seinen Marktflecken zur Stadt erweiterte. Für diese tauchte 1375 erstmals der Name Eberswalde auf.

Bereits im 16. Jahrhundert waren im Finowtal mit Eberswalde als Zentrum bedeutende Standorte des metallverarbeitenden Gewerbes entstanden. Für die Lokalisation sind folgende Standortfaktoren zu nennen: die Raseneisenerze der Umgebung, das Holz der Wälder, die vorhandenen Wasserkräfte der Finow und Schwärze und die günstige Verkehrslage. Die Metallaufbereitung und -verarbeitung des Eberswalder Urstromtales erlangte im 18. Jahrhundert weitreichende Bedeutung, und das Gebiet erhielt infolge starker Orientierung der Produktion auf die Bedürfnisse des preußischen Militärstaates den Namen „Märkisches Wuppertal".

Die Arbeitserfahrungen der hier lebenden Bevölkerung in der Metallbearbeitung wurden ein wichtiger standortweisender Faktor, der sich in der Folgezeit auch auf die heutigen Standorte der metallverarbeitenden Industrie auswirkte. Die gegenwärtig bedeutendsten Betriebe sind der VEB Kranbau Eberswalde (rund 3 500 Beschäftigte, Spezialfabrikant für Hafen- und Werftkräne, Exportbetrieb) und das Reichsbahnausbesserungswerk „8. Mai", das sich auf die Reparatur von Containertragewaggons spezialisiert hat.

Die schnelle wirtschaftliche Entwicklung seit dem 18. Jahrhundert veränderte das Stadtbild deutlich. Während die mittelalterliche Siedlung auf der 15-m-Terrasse der Finow (Holozän) errichtet wurde, haben die neueren Stadtteile auf höhergelegenen Geländeteilen (vor allem 36-m-Terrasse des Urstromtales/Pleistozän) ihren Standort. Die umfangreichsten Erweiterungen wurden nach Westen (Richtung Finow) und Südwesten vorgenommen.

Finow (Stadtteil von Eberswalde-Finow)
Finow erhielt seinen jetzigen Namen im Jahre 1928, als sich die selbständigen Orte Heegermühle, Eisenspalterei-Wolfswinkel und Messingwerk

vereinigten. 1935 wurde das Gemeinwesen zur Stadt erhoben. 1969 lebten 11394 Einwohner in Finow. Durch die wirtschaftliche Entwicklung war eine Siedlungs- und Industrieverdichtung von insgesamt 10 km Länge entstanden, in deren Folge die Städte Eberswalde und Finow zusammengeschlossen wurden.

Bereits 1294 nennt eine Urkunde ein Wirtschaftswesen, aus dem das spätere Bauern- und Kossätendorf Heegermühle hervorging. Die unmittelbare Umgebung des Dorfes nahm seit Anfang des 17. Jahrhunderts eine gewerbliche Entwicklung, die von günstigen Standortfaktoren, wie dem Finowkanal als Transportweg, den Vorkommen von Raseneisenerz und dem Holz der Wälder als damals wichtigsten Energielieferanten begünstigt wurde. Das erste Eisenhammerwerk arbeitete bis zu seiner Zerstörung im Dreißigjährigen Krieg. Ihm folgte ein Blechhammer und später an dessen Stelle ein Messingwerk. 1914 verlegte man die Produktionsanlagen des Messingwerkes an den Oder-Havel-Kanal.

Die wichtigsten Betriebe in diesem Stadtteil sind heute:
– VEB Walzwerk Finow (rund 2000 Beschäftigte; Produktion von Stab- und Bandstählen, Stahlleichtbauprofilen, Präzisionsrohren),
– VEB Rohrleitungsbau Finow (Erzeugnisse für Chemie- und Kraftverkehrsanlagenbau),
– VEB Schiffsarmaturen- und Leuchtenbau Finow (Zulieferbetrieb für die Werftindustrie)
– VEB Chemische Fabrik Finowtal (Produktion von Kampfererzeugnissen),
– VEB Papierfabrik Wolfswinkel (Produktion von Schleifrohr-, Kabel- und Isolierpapier, Büttenpapier; Exportbetrieb).

Eberswalde-Finow ist eine Industriestadt mit einer breitgefächerten Erzeugnisstruktur. Mehr als 40% aller Beschäftigten der Stadt arbeiten in der Industrie und im Bauwesen. Seit Mitte der siebziger Jahre wurden in dem Gebiet zwischen Finowkanal und Oder-Havel-Kanal weitere Gewerbeflächen angelegt und Betriebe gegründet, wie z. B. ein Containerumschlagplatz der Deutschen Reichsbahn, ein Kraftfuttermischwerk des VEB Getreidewirtschaft Frankfurt und ein Heizwerk.

Im Eberswalder Urstromtal haben zwei Spezialbetriebe ihren Standort, der VEB Schweinezucht- und Mastkombinat KIM Eberswalde und der VEB Schlacht- und Verarbeitungskombinat Eberswalde/Britz, die republikweite Bedeutung besitzen. Die zahlreichen wissenschaftlichen Institute der Akademie der Landwirtschaftswissenschaften der DDR (z. B. Forstwissenschaft, Bodenkunde und Fernerkundung) strahlen mit ihrer Forschungstätigkeit im nationalen und internationalen Maßstab bedeutend aus.

Finowkanal und *Oder-Havel-Kanal*

Die günstigen natürlichen Voraussetzungen, die seit der weichselkaltzeitlichen Inlandeisbedeckung durch das mehrphasig entstandene Gewässernetz geschaffen wurden, erleichterten die seit dem 17. Jahrhundert durchgeführten Kanalbauten im Eberswalder Urstromtalabschnitt. Der Bau des ersten Finowkanals, der eine günstige Direktverbindung von Oder und Havel darstellte, dauerte von 1605 bis 1620. Auf einer Gesamtlänge von 39,4 km befanden sich 11 Schleusen. Während des Dreißigjährigen Krieges verfiel der Schiffahrtsweg nahezu völlig. Da für Eberswalde eine Wasserstraße lebensnotwendig war, baten die Bürger der Stadt den preußischen König FRIEDRICH II., die Verbindung wiederherstellen zu lassen. 1743 verfügte er den Bau des noch heute bestehenden Kanals, der 1746 eröffnet wurde. Mit gleichzeitiger Senkung der Oderzölle war eine zügige und billige Verbindung zwischen Berlin und Stettin geschaffen, durch die der gesamte Überseehandel Preußens über Stettin gelenkt werden konnte. Vorerst reichte die Kanallinie von der Havel bis Liepe/Oderberg, wo sie in die Alte Oder einmündete. Der Finowkanal förderte in den an ihm gelegenen Siedlungen den Bau von Fabriken, so daß sich beiderseits der Wasserstraße eine Industriegasse entwickelte. Im 19. Jahrhundert erfolgte die Weiterführung des Kanals bis Hohensaaten, wo eine Schleuse den Abstieg zur Oder ermöglichte. Als Teil des Wasserstraßennetzes von Mitteleuropa erlangte der Finowkanal immer größere Bedeutung. Durch ihn bestanden Direktverbindungen zwischen Hamburg und Schlesien, dem Berliner und sächsischen Raum und der Neumark.

Größere Auswirkungen auf die Standortbildung der Industrie entstanden erst in der Zeit des Kapitalismus, als die Möglichkeit für einen billigen Antransport von Kohle und Erz (wichtigste Grundlagen der Großindustrie) voll genutzt wurden. Dem ständigen Anwachsen des Verkehrs während des 19. Jahrhunderts war der Kanal in zunehmendem Maße nicht mehr gewachsen (19 Schleusen, kurvenreiche Linienführung, Bedürfnis nach Großfrachträumen).

Von 1906 bis 1914 erfolgte deshalb der Bau des Oder-Havel-Kanals, der eine Gesamtlänge von 64,6 km aufweist und sich von Hennigsdorf bis Hohensaaten (Oder) erstreckt. Durch den Neubau dieses Kanals wurden eine Verkürzung der Fahrzeit und der Einsatz von 750-Tonnen-Kähnen (gegenüber 140-Tonnen-Kähnen auf dem Finowkanal) erreicht. Diese Tatsachen waren günstige Voraussetzungen für die weitere Entwicklung der Industrie in diesem Raum.

Die ständige Verkehrszunahme erforderte eine noch schnellere Abwicklung der Durchfahrt. Deshalb wird seit 1934 der Höhenunterschied durch das Schiffshebewerk Niederfinow überwunden.

Schiffshebewerk Niederfinow

Die Bauzeit dauerte von 1926 bis 1934. Die Gerüstkonstruktion steht in der Ebene vor dem Hang auf sicherem Baugrund. Das Schiffshebewerk setzt sich aus 4 Teilen zusammen:

1) dem 1200 m langen und 66 m breiten Oberhafen mit Abschluß- und Sicherheitstor,

2) der 157 m langen und 34 m breiten Kanalbrücke, die den Oberhafen mit dem Hebewerk verbindet,

3) dem eigentlichen Hebewerk, das 60 m hoch, 94 m lang und 27 m breit ist und

4) dem 34 m tiefer liegenden Unterhafen.

Die Gesamtschleusenzeit der Schiffe einschließlich Ein- und Ausfahrt dauert 20 Minuten, davon entfallen 5 Minuten auf den eigentlichen Hebevorgang im Trog. Der Oder-Havel-Kanal stellt weitreichende internationale Verbindungen auf dem Binnenwasserwege her.

Exkursionrouten

Von Frankfurt (Oder) ist die Eberswalder Pforte in einer etwa 2,5 Stunden dauernden Bahn- bzw. 2 Stunden dauernden Busfahrt zu erreichen.

Eberswalde-Finow

Fußwanderung: Bahnhof, Wilhelm-Pieck-Straße, Friedrich-Ebert-Straße, Platz der Freundschaft, Maria-Magdalenen-Kirche, Heimatmuseum, Drachenkopf (Aussichtspunkt), Brautstraße, Nagelstraße Richtung Norden bis Eberswalder Schleuse (westlich davon Friedensbrücke); am Finowkanal Hinweis auf alte und neue Industrieanlagen. Mit Linienbus Westend-Nordend bis Endstation Poratzstraße, Wanderung zum Oder-Havel-Kanal; mit dem Linienbus zurück bis Boldt-Straße (VEB Kranbau Eberswalde); dann mit der Stadtlinie Richtung Stadtteil Finow; entlang der Leninstraße Industrieanlagen und Endstation, VEB Walzwerk Finow; zurück mit der Stadtlinie bis Lichterfelder Straße; am Finowkanal Hinweis auf alte Anlagen des VEB Walzwerkes; mit der Stadtlinie bis zum Busbahnhof; von dort mit dem Bus oder mit der Bahn nach Niederfinow (Schiffshebewerk).

5. Schwedt – Industrie und Stadt

Diese mehr als 720jährige Stadt im Nordosten des Bezirkes Frankfurt (ca. 80 km von Berlin und 3 km von der VR Polen entfernt), an der Hohensaaten-Friedrichsthaler Wasserstraße gelegen, hat eine wechselvolle Geschichte. Sie war über viele Jahrhunderte hinweg eine kleine, unbedeutende Siedlung, deren ökonomische Grundlagen die Fischerei, die landwirtschaftliche Produktion, das Handwerk sowie der Tabakanbau und dessen Verarbeitung und Handel (auch zur Zeit der vorübergehenden Funktion als Residenzstadt) waren.

Mit der sozialistischen Entwicklung und dem damit verbundenen Aufbau großer Industriebetriebe vollzog sich ein grundlegender Wandel, der fast einer Neugründung der Stadt gleichgesetzt werden kann. Schwedt wurde zu einem Beispiel der sozialistischen Industrialisierung im Bezirk Frankfurt und zunehmender planmäßiger sozialistischer internationaler Arbeitsteilung im RGW. Heute ist Schwedt die drittgrößte Stadt und einer der bedeutendsten Industriestandorte des Bezirkes Frankfurt.

Die Besiedlung des Gebietes erfolgte bereits in der Steinzeit. Schwedt wurde erstmals 1265 urkundlich als Stadt erwähnt. Eine der wesentlichsten Ursachen für ihre Gründung ist in der günstigen geographischen Lage zu suchen. Schwedt lag auf einer langgestreckten Talsandinsel und war von Niederungen und Wasserarmen umgeben. Zudem war die Stadt Kreuzungspunkt wichtiger Handelsstraßen und Oderübergangsort. Die ökonomische Grundlage für die Stadtentstehung und -entwicklung bildeten die Fischerei und der Ackerbau, was dazu führte, daß diese kleine Akkerbürgerstadt eine typische mittelalterliche Stadtanlage erhielt. Außerhalb der Stadtmauer siedelten die einheimischen slawischen Fischer im „Kietz".

Im Verlauf der Entwicklung kam es mehrmals zu deutlichen Überformungen der Physiognomie der Stadt. So entstanden neben Bauernhäusern und Scheunen u. a. durch das Handwerk (Ende des 16. Jahrhunderts) Mühlen, Garnwebereien, Schmieden, durch die Übernahme der Funktion als Residenzstadt Schwedter Markgrafen (1689 – 1788) wurden Herr-

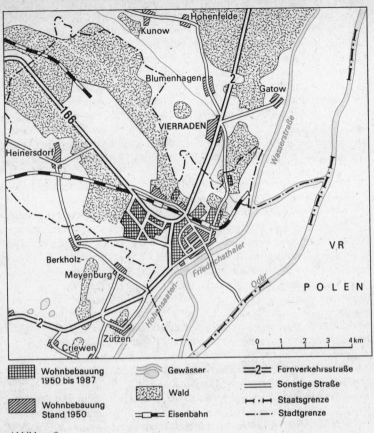

Abbildung 8
Entwicklung von Schwedt

schaftsbauten und ein Renaissance-Schloß errichtet, und durch den mit
der Ansiedlung von Hugenotten im Gebiet eingeführten Anbau von Tabak, seine Verarbeitung und Handel (seit Mitte des 17. Jahrhunderts) kamen Manufakturen, Handelshäuser, Bürgerhäuser hinzu. Zu Beginn des
18. Jahrhunderts wurde die Stadt neu angelegt, wodurch der Stadtumriß
einen rechteckigen Verlauf erhielt. Diese für Norddeutschland seltene
städtebauliche Entwicklung ist in ähnlicher Weise nur noch in Potsdam zu
finden. Um 1800 bestand die Stadt aus 5 Teilgebieten – eigentliche alte
Stadt, Schloßfreiheit mit Schloß und dessen Umgebung, Berliner Vorstadt, Vierradener Vorstadt, Kietz. In ihr lebten 3 700 Einwohner. Die
Außenfunktionen der Stadt überschritten nur in Gestalt des Tabakhan-
dels das Umland von Schwedt. Die industrielle Entwicklung in kapitalisti-

63

scher Zeit hat die Stadt nur gestreift. Zunächst gewannen Tabakverarbeitung und -handel innerhalb der Produktionsstruktur wieder größere Bedeutung. So betrug die Tabakanbaufläche um 1900 ca. 383 ha, und es existierten annähernd 30 Tabakfabriken. Aus der ehemaligen Residenzstadt wurde wieder eine Ackerbürgerstadt, die eine z. T. rege städtebauliche Entwicklung erfuhr. Es entstanden produktive und infrastrukturelle Einrichtungen und Anlagen (z. B. Bau der Stichbahn Angermünde–Schwedt 1873, Ausbau des Oderübergangs, Bau der Hohensaaten-Friedrichsthaler Wasserstraße 1906). Nach 1918 gab es mehrere Stadterweiterungen. So entstanden die Tabaksiedlung, die Aufbausiedlung, der Kasernenkomplex und gewerbliche Bauten in Bahnhofsnähe. Die Einwohnerzahl stieg zunächst kontinuierlich an. Lebten im Jahre 1850 6 725 Personen in Schwedt, so waren es 1895 bereits 10 114 Einwohner. In der letzten Phase der kapitalistischen Entwicklung kam es jedoch zur Stagnation der Produktion und zur Ruinierung zahlreicher mittlerer und kleinerer Betriebe. Die Tabakanbaufläche verringerte sich auf ca. 120 ha, und die Zahl der Tabakfabriken sank von 29 im Jahre 1926 auf 1 Fabrik im Jahre 1945. Die Krisenerscheinungen in diesem besonders krisenanfälligen Industriezweig, verbunden mit einer hohen Arbeitslosigkeit, führten zum Rückgang des Wohnungsbaus und zum Abfall der Einwohnerzahlen. Im Jahre 1925 lebten noch 8 859 Einwohner in der Stadt. Die Funktionen Schwedts erweiterten sich in kapitalistischer Zeit. Es wuchsen vor allem die überörtlichen Handelsfunktionen dieser Kleinstadt im Kreis Angermünde. Im Zweiten Weltkrieg von den Faschisten zur Festung erklärt und verteidigt, wurde die Stadt zu ca. 85 % zerstört.

In der Phase der antifaschistisch-demokratischen Ordnung (1945 – 1949) und in der sozialistischen Entwicklung bis 1957 kam es zu einer geringen Weiterentwicklung der Stadtstruktur. Die Reparatur und der Wiederaufbau insbesondere von Anlagen und Einrichtungen der Produktions- sowie technischen und sozialen Infrastruktur standen im Vordergrund. Im Jahre 1946 lebten 5 961 Einwohner in Schwedt, und ihre Zahl erhöhte sich bis 1949 auf 6 200 Personen. Diese Einwohnerzahl blieb bis 1957 konstant. In der Produktionsstruktur dominierte die landwirtschaftliche Produktion (vor allem Tabak- und Kartoffelanbau, Tierproduktion), die in industrieller Hinsicht bis 1949 durch eine Molkerei, eine Tabakfabrik und ein Sägewerk sowie bis 1957 zudem durch einen Holzverarbeitungsbetrieb, zwei Lebensmittelbetriebe, ein Betonwerk und eine MTS (Maschinen- und Traktorenstation) ergänzt wurde. Die politisch-territoriale Neugliederung von 1952 bewirkte, daß Schwedt – als ihrem Charakter nach kleine Landstadt mit einer Fläche von 38 km^2 und gering entwickelten Außenfunktionen – dem Landkreis Angermünde des Bezirkes Frankfurt zugeordnet wurde.

Das Jahr 1958 stellt einen entscheidenden Einschnitt in der Entwicklung Schwedts dar. Mit den Beschlüssen des V. Parteitages der SED und der Chemiekonferenz wird die Stadt Standort eines neuen, großen Erdölverarbeitungswerkes der DDR (im Zusammenhang mit dem Bau der rd. 4300 km langen Erdölleitung „Freundschaft" aus der UdSSR) und einer großen Papierfabrik, die beide 1964 die Produktion aufnahmen. Sie bildeten den Ausgangspunkt für eine außergewöhnlich dynamische Entwicklung der Stadt im DDR-Maßstab in einem ehemals rückständigen agrarisch geprägten Gebiet und sind Ausdruck der planmäßigen Anwendung der sozialistischen Standortprinzipien bei der Standortverteilung der Industrie in der DDR. Das Petrolchemische Kombinat (PCK) und das Papier- und Kartonwerk (PKS) bestimmen seitdem die Produktionsstruktur der Stadt. Diese wird ergänzt durch eine Vielzahl weiterer Betriebe der Industrie und Bauwirtschaft, die vor allem zwischen 1965 und 1975 geschaffen wurden (z. B. VEB Schuhfabrik, VEB Großbäckerei, VEB Mineralwasserfabrik, VEB Fleischkombinat, VEB Plattenwerk). Gegenwärtig arbeiten von den rund 26 800 Beschäftigten der Stadt ca. 46 % in der Industrie, ca. 9 % in der Bauwirtschaft und nur ca. 3 % in der Land- und Forstwirtschaft.

Das PCK hat seinen Stammbetrieb und einen seiner weiteren Kombinatsbetriebe, den VEB Mineralölverbundleitung, in Schwedt. In ihnen arbeiten rund 67 % aller Industriebeschäftigten der Stadt. Der Stammbetrieb des PCK besitzt ein umfangreiches und vielfältiges Produktionsprogramm, das u. a. über Benzine, Heizöle, Stickstoffdünger, Acrylnitril bis zu Schuh- und Lederpflegemitteln sowie Haushaltssprays reicht. Er wurde mehrfach durch neue Produktionsanlagen bzw. -stätten (z. B. VEB Mineralölverbundleitung, Futtereiweißanlage, Spalt- und Aromatenkomplex) sowie Pipelinebau (Erdölleitungen u. a. von Rostock bzw. nach Leuna, Böhlen und Produktenleitungen u. a. nach Seefeld) vervollkommnet.

Das PKS, das auf der Basis von Holz, Zellstoff und Altpapier aus der DDR bzw. Importen arbeitet, hat seit 1964 seinen Produktionsumfang und sein Produktionsprogramm ständig vergrößert. Hauptproduktionen sind Papier, Karton, Pappe, Tapeten und Windeln. Damit verbunden sind Rationalisierungsmaßnahmen an den Papiermaschinen sowie der Aufbau einer Deinkinganlage zur Aufbereitung von Altpapier, der Auf- und Umbau der Tapetenproduktionsanlage, Aufbau eines Windelautomaten. Die Standortverteilung der Produktionsbetriebe auf dem Stadtterritorium zeigt, daß das PCK rd. 5 km nordwestlich, das PKS rd. 5 km nordöstlich der Wohngebiete und die Mehrzahl der Betriebe der Leicht- und Lebensmittelindustrie zwischen der Bahnlinie und der Fernverkehrsstraße 166 lokalisiert sind. Verbunden mit der ökonomischen Entwicklung ist eine stürmische Entwicklung der Bevölkerungs-, Siedlungs- und Infrastruktur Schwedts.

Die Einwohnerzahl stieg von rd. 6200 Personen (1957) auf 34 134 Personen (1970) und erreichte 1985 eine Zahl von 51 634 Einwohnern. Damit ist Schwedt eine industriell bedeutende große Mittelstadt im Nordosten des Bezirkes Frankfurt. Der Entwicklung Rechnung tragend, wurde die Stadt im Jahre 1961 zum Stadtkreis erklärt und 1974 zudem der Ortsteil Heinersdorf eingemeindet, so daß sich ihre Fläche auf 76 km² erhöhte. Die überaus bemerkenswerte Bevölkerungszunahme wurde zunächst durch einen hohen positiven Binnenwanderungssaldo (durchschnittlich + 1000 bis + 2000 Personen/Jahr zwischen 1965 – 1975) und damit verbundener positiver Veränderung der Altersstruktur der Stadt bewirkt, die ihrerseits einen bis zur Gegenwart anhaltenden hohen natürlichen Bevölkerungszuwachs (durchschnittlich mehr als + 500 Personen/Jahr) ermöglicht. Die günstige Altersstruktur der Bevölkerung mit 23,8 % der Personen im Kindes-, 69,5 % im arbeitsfähigen und nur 6,7 % im Rentenalter (1985) und einem daraus resultierenden Durchschnittsalter der Bevölkerung von rd. 30 Jahren ergibt ein überdurchschnittlich hohes Arbeitskräftepotential, das (u. a. auch durch die mit Schwedt verbundene Initiative „Weniger produzieren mehr") nicht effektiv in der Stadt auszuschöpfen ist. Eine gezielte Wanderung junger Menschen in andere Industriezentren des Bezirkes (u. a. in die Bezirksstadt) wird angeregt. Seit einigen Jahren wird ein negativer Binnenwanderungssaldo für Schwedt konstatiert und mit −200 Personen/Jahr geplant. Von 1962 bis 1972 war die Stadt Wohnungsbauschwerpunkt des Bezirkes. Es entstanden ab 1960 sechs Stadtteile (unter Einbeziehung des alten Stadtkerns): „Schwedt-Kietz", „Julian-Marchlewski-Viertel", „Schwedt-Zentrum" und „Neue Zeit" auf der unteren Talsandterrasse sowie „Schwedt-Talsand" und „Am Waldrand" auf der oberen Talsandterrasse. Zwischen beiden befindet sich die „Landgrabenniederung", wodurch Schwedt eine strukturelle und kompositionelle stadtplanerische Besonderheit aufweist. Ab 1987 wird in „Schwedt-Zentrum" (untere Terrasse) die Rekonstruktion der Vierradener Straße durchgeführt und der Aufbau eines neuen Stadtteils („Kastanienallee") auf der oberen Terrasse begonnen. Es entstanden seit 1958 zudem vielfältige soziale Infrastruktureinrichtungen (17 Schulen, 23 Kindereinrichtungen, Sportanlagen, zwei Polikliniken, ein Bezirks- und ein Fachkrankenhaus, ein großes Kulturhaus, ein Theatergebäude, Verkaufs- und Gaststätteneinrichtungen u. v. a.) sowie Anlagen der technischen Infrastruktur (u. a. Wasserwerke, Kläranlagen, Betriebskraftwerke, Umschlagbahnhof des PCK in Stendell, Hafenanlagen des PKS). Die Außenfunktionen von Schwedt, insbesondere die Produktionen, haben sich seit 1964 beträchtlich erweitert.

Exkursionsrouten

Stadtzentrum in der Altstadt: Planmäßige Anlage der Stadt; Schwedt als Residenzstadt; Auswirkungen und Umfang der Zerstörung Schwedts im Jahre 1945.

  Rundgang durch die Innenstadt: Einfluß des Tabakanbaus und der Tabakverarbeitung; Besonderheiten und Funktionen der Altstadt in der Gegenwart.

Kanalbrücke: physisch-geographisches Milieu Schwedts und seiner Umgebung; Bedeutung der Wasserstraße in Vergangenheit und Gegenwart; Rolle der stadtnahen Landwirtschaft; Stadtteil „Neue Zeit" nördlich der Eisenbahnlinie: Aufbau Schwedts zur sozialistischen Stadt; Fragen der Bevölkerungsentwicklung; Stadtteile „Am Waldrand", „Schwedt-Talsand" sowie in Zukunft „Kastanienallee": Charakterisierung der Wohnkomplexe auf der oberen Talsandterrasse in ihrer städtebaulichen Konzeption; Fragen der Naherholung; VEB Petrolchemisches Kombinat – Stammbetrieb (evtl. Betriebsbesichtigung); VEB Papier- und Kartonwerke (evtl. Betriebsbesichtigung).

6. Glazialmorphologie und Landnutzung der Märkischen Schweiz

Nur etwa 30 km vom östlichen Stadtrand Berlins entfernt, ebenso gut von Frankfurt (Oder), Eberswalde-Finow oder Fürstenwalde her erreichbar, liegt die Hügel-, Wald- und Seenlandschaft von Buckow („Märkische Schweiz") mit ihren beiden Touristen- und Ferienorten, der Kleinstadt Buckow und Waldsieversdorf.

Die Märkische Schweiz ist entstehungs- und formenmäßig ein Ausschnitt aus der Jungmoränenlandschaft der Frankfurter Eisrandlage und ihres Vorlandes. Hier liegen auf einer Fläche von 40 km^2 eine Fülle vielgestaltiger Reliefformen dicht beeinander: weichselzeitlich glazial gestaltete Endmoränenerhebungen und Grundmoränenflächen, glazifluvial angelegte Sanderebenen, fossile Trockentäler und weitere Periglazialbildungen, spätglazial-altholozäne Talbildungen und geschlossene Hohlformen, die zum Teil mit Seen unterschiedlicher Größe und Form gefüllt sind, aktive Erosionseinkerbungen und schließlich anthropogen beeinflußte Gewässernetzformierungen. Mit dieser Formenfülle ist das Gebiet von Buckow ein Lehrbeispiel für glaziäre und glazifluviale Reliefgenese, ebenso für die Tal- und Flußentwicklung im Jungmoränengebiet.

Das Gebiet von Buckow liegt in einer rinnenförmigen Einsenkung, welche die Ostbrandenburgische Platte nördlich des Berliner Urstromtales in das Barnim-Plateau und die Hochfläche von Lebus teilt.

Diese durch den etwa 30 km langen und 2 bis 6 km breiten Buckower Talzug bedingte Untergliederung der Ostbrandenburgischen Platte wird besonders im südlichen Teil der Region durch die Talung des Roten Luches deutlich. Buckow liegt etwa in der Mitte dieser von Nordosten nach Südwesten ziehenden Rinnen- und Senkenregion. Formenmäßig wie landschaftlich läßt sich der Buckower Talzug in drei Teilabschnitte untergliedern:

1) Im Norden das zum Oderbruch hin gerichtete Tal der Stöbber (auch Stobber, Stobberow), eingesenkt in periglaziäre und holozäne Ablagerungen. Das Nordende dieses Talabschnittes wird durch die in ihm liegenden Seen stark verbreitert.

2) In der Mitte zwischen Bollersdorf, Waldsieversdorf, Münchehofe und Pritzhagen ist das eigentliche Buckower Becken. Zungenförmig wird es von den beiden größten Seen, dem Schermützelsee (drei Teilbecken mit Tiefen von 45,24 und 8 m; Seespiegel 26 m NN) und dem Großen Klobichsee (Tiefe 18 m; Seespiegel 21 m) eingeschlossen. Zu dieser Seenlandschaft gehören außerdem u. a. Weißer-, Abendroth-, Buckow- und Griepensee, alle von der Stöbber durchflossen. Dazu zählen auch das von Norden her in den Schermützelsee einmündende Sophienfließ und das der Stöbber zustrebende Pritzhagener Fließ. Rechnet man weitere kleinere Fließgewässer, Seen und Pfuhle hinzu, so nimmt die Wasserfläche hier etwa 10 % der Gesamtfläche ein. Die umrandenden, mittel- bis steilhängig ansteigenden Hochflächen und Hügelzonen sind randlich durch viele schmale, oft weit in die Hochflächen eingreifende Täler gekerbt.

3) Südlich von Waldsieversdorf liegt der Talzug Rotes Luch, durchflossen von der nach Südwesten gerichteten Stöbber, eingelagert in eine Sanderbahn, die vielfach durch Moorbildungen, Dünenaufwehungen, Seen und Rinnen mit kleinen Fließgewässern unterbrochen ist. Etwa 3,5 km südlich von Waldsieversdorf liegt im Roten Luch die (Tal)-Wasserscheide zwischen Ost- und Nordsee.

Die pleistozänen Sedimente erreichen im Gebiet von Buckow z. T. Mächtigkeiten von 200 bis 250 m; die Lage der Basis der pleistozänen Ablagerungen beträgt (bezogen auf NN) im Bereich der Frankfurter Eisrandlage −119 m, im Gebiet von Müncheberg −205 m, im Bereich des Roten Luch −105 m. Das gegenwärtige Relief weist aber keinerlei Beziehungen zur Quartärbasisfläche auf. Allerdings wurden tertiärzeitliche Ablagerungen durch Eisdruck gestört, gestaucht und auch emporgepreßt. So sind Tertiärsande und -kiese am Rand von Buckower Rinne und Buckower Becken an Taleinschnitten aufgeschlossen, z. B. am West- und Nordufer des Schermützelsees. Vorkommen tertiärer Braunkohlen waren bei Buckow seit 1805 bekannt, doch wurde ihr Abbau hier bereits 1839 wegen ungünstiger Lagerungsverhältnisse wieder aufgegeben. Erfolgreicher war der Abbau am Nordufer des Schermützelsees und am Sophienfließ; ein Braunkohlenflöz im Bereich der Schwarzen Kehle wurde von 1851 bis 1905 abgebaut. Die älteste Grube lag am Aschenberg unweit des Schermützelsees.

Die für die Buckower Landschaft so charakteristische Reliefformen bzw. -einheiten lassen mehrere morphogenetisch wirksame Hauptphasen der Entwicklung erkennen, die durch weichselkaltzeitliche, spätglaziale sowie holozäne Prozesse gesteuert wurden. In diesen Gestaltungsablauf sind sämtliche Phasen der Gewässerentwicklung im Jungmoränengebiet eingeschlossen, die sich gerade im Buckower Gebiet auf kleinstem Raum beobachten lassen.

Der Vorstoß des weichselkaltzeitlichen Inlandeises in den vorwiegend saalekaltzeitlich gestalteten Raum bis zur Brandenburger Eisrandlage überwältigte zwar das ältere Relief, konnte es aber nicht völlig umbilden.

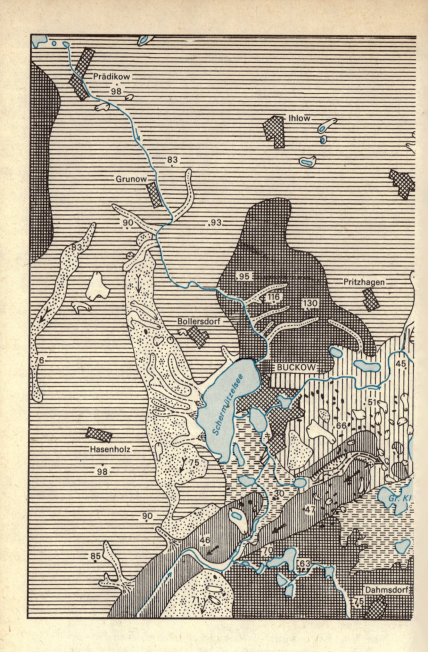

Abbildung 9
Geomorphologische Übersichtskarte der Buckower Rinne und des Buckower Kessels

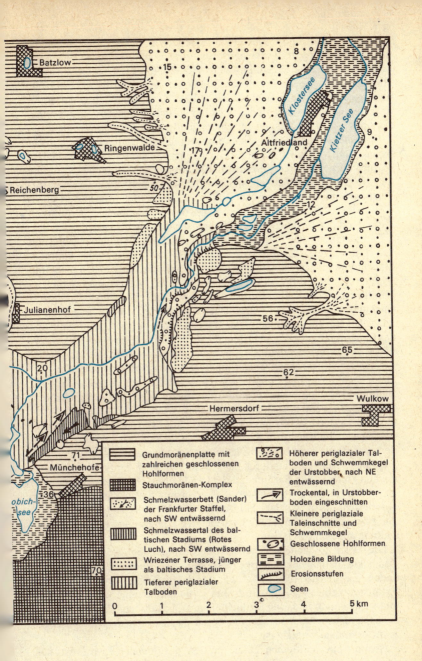

Batzlow

15

8

Klostersee

Kietzer See

9

Ringenwalde

17

Altfriedland

Reichenberg

50

12

Julianenhof

56

65

20

62

Wulkow

Hermersdorf

71

Münchehofe

36

obich-
see

70

	Grundmoränenplatte mit zahlreichen geschlossenen Hohlformen		Höherer periglazialer Talboden und Schwemmkegel der Urstobber, nach NE entwässernd
	Stauchmoränen-Komplex		Trockental, in Urstobberboden eingeschnitten
	Schmelzwasserbett (Sander) der Frankfurter Staffel, nach SW entwässernd		Kleinere periglaziale Taleinschnitte und Schwemmkegel
	Schmelzwassertal des baltischen Stadiums (Rotes Luch), nach SW entwässernd		Geschlossene Hohlformen
	Wriezener Terrasse, jünger als baltisches Stadium		Holozäne Bildung
	Tieferer periglazialer Talboden		Erosionsstufen
			Seen

0   1   2   3   4   5 km

71

Auf der Barnim- und Lebus-Hochfläche kam es nur zu Überprägungen der vorgefundenen Oberflächenformen; dazu gehörten auch die saalekaltzeitlich angelegten Freienwalder Höhen auf dem Barnim sowie die Heinersdorfer und die Booßener Höhen auf dem Lebus. Das Gewässernetz im Vorstoßgebiet des weichselkaltzeitlichen Inlandeises wurde jedoch völlig zerstört und mußte sich über verschiedene nachfolgende Phasen hinweg erst wieder neu zu seinem heutigen Zustand hin formieren.

Das Rückschmelzen des Inlandeises war mit der Bildung ebener, flachwelliger und lokal auch kuppiger Grundmoränenlandschaften verbunden, so auch derjenigen des Barnim- und Lebus-Plateaus in Höhen zwischen 80 und 95 m, die die Ausgangsflächen der nachfolgend komplizierten Reliefentwicklung bildeten und die glaziäre Landoberfläche nach Zerfall des Inlandeises gegen Ende der ersten Phase des Brandenburger Stadiums im Hinterland der Brandenburger Eisrandlage dokumentieren.

Es entstanden die Frankfurter Eisrandlage, im Exkursionsgebiet auf der Linie Tiefensee–Buckow–Frankfurt, mit Ausbildung kuppiger Stauchmoränenerhebungen, zwischen Buckow und Pritzhagen (100 und 130 m NN). Der Abfluß der Schmelzwässer erfolgte gegen Süden; das Ergebnis sind mehrere, zum Berliner Urstromtal hin abdachende Sanderflächen und -bahnen, so bei Werneuchen, Strausberg, Müncheberg. Unmittelbar bei Buckow wird diese glazifluviale Phase durch die Aufschüttung des Buckower Sanders gekennzeichnet (oberes Sanderniveau). Die Oberfläche dieser Sedimente liegt etwa 20 m tiefer als die Barnim-Hochfläche.

Nach dem Rückschmelzen des Inlandeises auf eine Zwischenstaffel zwischen Frankfurter und Pommerscher Eisrandlage kam es bei Buckow zur Bildung des durch die Frankfurter Eisrandlage hindurchziehenden Schmelzwasserabflusses des Roten Luches. Wiederum entstand eine ebene, zum Berliner Urstromtal hin abdachende, vor der Frankfurter Eisrandlage in den Buckower Sander eingesenkte Sanderbahn (unteres Sanderniveau), auf der Abbildung 9 noch als Schmelzwassertal des baltischen Stadiums bezeichnet. Dadurch kam es zur Trennung der Ostbrandenburgischen Platte in den Barnim und das Land Lebus. Die durch spätere Toteiswirkungen stark aufgelösten Talbodenreste liegen zum Rande des Oderbruchs hin in 50 m NN, bei Buckow 47–46 m NN. Mit der Fossilwerdung der jüngeren Sanderbahn waren die glaziären Phasen der Reliefgestaltung abgeschlossen.

Die heute fossilen, z. T. mehrstufig entwickelten Trockentäler sind Zeugnisse spätglazialer linearer Erosionprozesse über einem Dauerfrostboden. Zahlreiche solch periglaziär angelegter Täler führen im engeren Exkursionsgebiet von den End- und Grundmoränenhöhen zum Schermützelsee hinab. In diesen Schluchten und „Kehlen" sind heute verschiedene Quellaustritte zu beobachten, deren Wasser durch die Raseneisenerze oft bräunlich verfärbt ist.

Neben weiteren kleinen Tälern an den glazifluvialen Erosionsstufen, deren Schwemmkegel z. T. auf die Sanderflächen geschüttet wurden, kam es zur Ausbildung des heute trocken liegenden Talsystems der Urstöbber, des Hauptperiglazialtales im Buckower Gebiet. Es ist rund 2 km südlich von Buckow – zwischen Schwarzem See (29,8 m NN) und dem Großen Klobichsee (21,3 m NN) – auf einer Länge von etwa 1,6 km belegt, gebildet durch einen sommerlichen periglaziären Abfluß von Schneeschmelzwasser in Richtung Nordosten zum Oderbruch (Höhenlage bei Buckow etwa 35 m NN). Dem Urstöbber-Abfluß entsprechen am Rande des Oderbruchs bei Alt-Friedland zwei ineinandergeschachtelte größere Schwemmkegel, deren oberer rund 25 km^2 Fläche einnimmt. Die Oberfläche der Schwemmkegel ist heute durch Rinnen und Seenhohlformen stellenweise stark aufgelöst.

Im Roten Luch entwickelte sich eine (heute auf holozänen Moorbildungen gelegene) Talwasserscheide mit einem Abfluß nach Nordosten zum Oderbruch (= Einzugsgebiet der Ostsee) und einem zweiten Abfluß nach Südwesten zur Spree (= Einzugsgebiet der Nordsee). Weitere Zeugnisse periglaziärer, spätglazial wirkender Prozesse sind periglaziäre Deckserien an flachen Hängen, Talschotter von Trockentälern, vereinzelt vorkommende Sandlöß-Anwehungen.

Während einer spätglazial-altholozänen Übergangsphase erfolgte die Regeneration des periglaziär überformten Glazialreliefs, also die Auflösung des Dauerfrostbodens sowie das endgültige Ausschmelzen verschütteter Inlandeisrestkörper. Folgeprozesse davon waren u. a.:

– das Fossilwerden periglaziärer Talbildungen im durchlässigen Substrat oberhalb der warmzeitlichen Grundwasseroberfläche (z. B. das Talstück der Urstöbber zwischen Schwarzem See und Großem Klobichsee);

– die Zerstörung periglaziärer Talbildungen in Gebieten mit tiefliegenden, verschütteten Inlandeisresten (z. B. der anschließende Talboden ober- und unterhalb des erhaltenen, 1,6 km langen Talstücks der Urstöbber);

– das Hervortreten oberirdisch abflußloser, geschlossener Hohlformen verschiedener Abstufung (Binnenentwässerungsgebiete) als Folge der verschütteten Inlandeisreste; geschlossene Hohlformen durchsetzen so gut wie alle genannten Reliefeinheiten, viele von ihnen wassergefüllt; größte, ehemals geschlossene Hohlform ist das Becken des Schermützelsees;

– Anpassung der weiterbestehenden Flußläufe an die wiederaufgelebte, periglaziär überformte Glaziallandschaft. Das führte zu Laufveränderungen (z. B. Ablenkung der Stöbber südlich von Buckow und ihre Einlenkung in das Urstöbbertal einige Kilometer vor dem Oderbruchrand), gleichzeitig zur Einschaltung von Seen in den Stöbberlauf.

Der Waldanteil des Buckower Gebietes ist mit etwa 75 % der Gesamtfläche außerordentlich hoch, wenn auch an die Stelle der ursprünglichen Traubeneichenwälder mehr und mehr Kiefernforsten getreten sind. Der Artenreichtum der Pflanzenwelt ist ein weiteres Merkmal für die Bedeu-

tung als Urlaubs- und Ausflugsgebiet. Seit 1957 sind das Buckower Wald-
und Seengebiet, ein Wald- und Seengelände in der Umgebung von Strausberg und der nordwärts davon gelegene Gamengrund unter Landschaftsschutz gestellt. Zu den zahlreichen Naturdenkmälern gehören auch mehrere Findlinge (Erratica) in der unmittelbaren Umgebung von Buckow.

Exkursionrouten

Autotouren:
1. Vom Berliner Stadtzentrum über die Frankfurter Allee nach Osten,
über Dahlewitz–Hoppegarten–Vogelsdorf–Müncheberg–Waldsieversdorf nach Buckow; hier Fußwanderungen, Bootsfahrten; über die Bollersdorfer Höhe–Reichenberg–Altfriedland–Marxwalde–Seelow und die Seelower Höhen zurück über Müncheberg und Vogelsdorf nach Berlin-Lichtenberg.
2. Von Frankfurt (Oder) über Booßen–Treplin–Heinersdorf–Müncheberg–Waldsieversdorf nach Buckow; hier Fußwanderungen, Bootsfahrten; zurück über Altfriedland–Seelow–Lebus nach Frankfurt (Oder).

Fahrradtour:
Rundweg durch die Märkische Schweiz: vom S-Bahnhof Strausberg/Stadt über Hohenstein–Ruhlsdorf–Bollersdorf–Bollersdorfer Höhe; entlang See-Westufer, vorbei am Langen Grund, der Grenzkehle und der Fischerkehle nach Waldsieversdorf; vorbei am Gartzsee–Vogelsang–Sieversdorfer Mühle–Kleiner Däbersee–Märchenwiese–Kesselsee–Bauernsee–Dahmsdorf; vorbei am Großen Klobichsee zum Schloßwall und nach Münchehofe; durch Hermesdorfer Heide zur Eichendorfer Mühle, zu den Heidegräbern, dem Inselberg, zur Pritzhagener Mühle; vorbei am Großen Tornowsee–Silberkehle aufwärts–Dachsberg–Finkenherd–Jenas Höhe–Poetensteig–entlang Sophienfließ zum Buckower Markt; der Einstieg in diese Radwanderung ist auch an jedem anderen Punkt möglich.

Fußwanderungen
Wanderhefte, Touristenkarten, Ausflugsatlanten u. ä. empfehlen und beschreiben zahlreiche und interessante Wanderrouten, auf denen die vorab genannten geographischen Besonderheiten und Probleme beobachtet werden können. Ausgangs- und Endpunkte derartiger Tages- und Halbtageswanderungen sind zumeist Buckow, Waldsieversdorf oder auch Müncheberg.

Buckow
Im Schutz einer ehemaligen Burg entstanden, bis 1815 in Groß Buckow
(1249 castrum Bucove genannt; Wasserburg, die den Übergang über die
Buckower Rinne schützte; seit 1404 oppidum, dorfartig gebaut) und

Klein Buckow (lange Zeit Dorf, um 1800 als Flecken bezeichnet) getrennt. 1969 2536 und 1986 2063 Einwohner. Das gesamte Gebiet um Buckow und Müncheberg war bereits frühgeschichtlich besiedelt. Um 600 erfolgte stärkere Einwanderung westslawischer Stämme; der alte Wendenkietz ist im Gebiet der Wallstraße zu suchen. Während des frühen Mittelalters wurde das Gebiet dicht besiedelt.

Wirtschaftliche Entwicklung: In Niederungsgebieten Hopfenanbau, bereits 1375 genannt, bis zum Beginn des 19. Jahrhunderts wichtige Erwerbsquelle; Brauhäuser und Braustellen; Mühlengewerbe längs der Stöbberflüsse; ab 1690 Ansiedlung von Leinenwebern und Tuchmachern; seit 1780 Seidenraupenzucht; später auch Rosenzucht und Tabakanbau; seit dem Bau der Eisenbahnlinie Berlin–Küstrin (1865) starke Bautätigkeit: Villen, Pensionen, Gasthäuser, Hotels, Versorgungseinrichtungen; 1897 Kleinbahn Dahmsdorf–Müncheberg–Buckow, 1929/30 zur Normalspurbahn mit elektrischem Antrieb ausgebaut; Entwicklung zu einem beliebten Luftkur- und Ausflugsort.

In der Gegenwart ist Buckow das Zentrum des Naherholungsgebietes Märkische Schweiz. Betriebsferienheime, Kinderferienlager, Hotels, Pensionen, Ausflugsgaststätten, Wochenend- und Sommerhäuser bestimmen das Siedlungsbild, das den Fremdenverkehr als wichtige Funktion widerspiegelt. Darüber hinaus ist Buckow Wohnsiedlung für Pendler, die in der Hauptstadt Berlin arbeiten.

Sehenswürdigkeiten: Stadtpark (ursprünglich Barockgarten, von P. J. LENNE umgestaltet; Brecht-Weigel-Haus in der B.-Brecht-Straße (als Forschungsstelle eingerichtet) kann besucht werden.

Waldsieversdorf
Luftkurort, vor etwa 60 Jahren gegründet; Vorgänger war Dorf Sieversdorf, slawische Anlage, die im 13. Jahrhundert von Deutschen besiedelt wurde, 1432 von Hussiten zerstört, danach lange Zeit wüst (noch nach dem Zweiten Weltkrieg als „Wüste Sieversdorf" bezeichnet). Im 16. Jahrhundert wieder aufgebaut; 1895 Entstehung des Wald-Luftkurortes; seit 1945 Hochschule für Nationale Politik (zentrale Parteischule der NDPD); seit 1945 viele neue Einrichtungen: Oberschule, Kindergärtnerinnenschule, Wohnungsbau, Freibad, Fischereigenossenschaft, Einrichtungen des FDGB-Feriendienstes; bekannt die seit 1952 eingerichtete Zweigstelle für Forstpflanzenzüchtung; umfangreiche Versuchsreviere in der Umgebung von Buckow und Waldsieversdorf (1986 1041 Ew.)

Von Schlagenthin aus Abstecher möglich nach Dahmsdorf (Ortsteil von Müncheberg) und nach Münchehofe (alte Wehrkirche aus der Gründungszeit des Dorfes; heute Ortsteil von Obersdorf).

Müncheberg
Gründung des Klosters Lebus im Jahre 1232, seit etwa 1233 Municheberg bezeichnet. 1348 Moncheberg; 1232 als civitas erwähnt, 1245 mit dem

deutschen Recht ausgestattet, 1253 und 1352 aber nur als oppidum bezeichnet; 1801 1429, 1850 1940, 1939 4946, 1969 5380, 1986 5022 Einwohner.

Landwirtschaft stets strukturbestimmend, insbesondere Viehzucht;
früher umfangreiche Bierbrauerei, Branntweinbrennerei; Rückgang von
Verkehr und Gewerbe, da Hauptstrecken der Eisenbahn Müncheberg
umgingen; Stadtmauer fast ganz erhalten. In der Gegenwart besitzt die
Stadt zentralörtliche Bedeutung (Einkaufszentrum) für die landwirtschaftliche Umgebung und wird neben Bereichen von Handwerk und Gewerbe durch Einrichtungen der Land- und Nahrungsgüterwirtschaft ge-
kennzeichet.

7. Glazialmorphologie und Landnutzung im Raum Wandlitz/Biesenthal

Über die Barnim-Hochfläche verläuft von Buckow in generell westnordwestlicher Richtung über Werneuchen bis in das Gebiet zwischen Rüdnitz und Bernau die Frankfurter Eisrandlage. Morphologisch ist sie vor allem in der Märkischen Schweiz bei Buckow sowie zwischen Ladeburg und Prenden durch typische Endmoränen klar erkennbar, während in manchen Abschnitten zwischen diesen Eckpunkten ihr Verlauf sehr undeutlich und daher in den Einzelheiten nur vermutet ist. Südlich der Frankfurter Eisrandlage liegt im Vorland eine Reihe von Grundmoränenflächen, zwischen denen meist schmale, von Nord nach Süd verlaufende Schmelzwasserbahnen anzutreffen sind, die an der Frankfurter Eisrandlage ansetzen und auf das höhere Niveau des Berliner Urstromtales eingestellt sind. Das Rückland ist in der Gegend von Biesenthal nur wenige Kilometer breit, gewinnt aber nach Osten zunehmend an Ausdehnung und erreicht nördlich von Werneuchen fast 20 km Nord-Süd-Erstreckung. Seine nördliche Begrenzung stellt das Eberswalder Urstromtal dar. Während im östlichen Teil des Rücklandes wenig gegliederte Grundmoränenflächen dominieren, ist der westliche Abschnitt, beginnend mit dem Gebiet um Grüntal, vor allem aber um Biesenthal und Wandlitz, durch einige deutliche Rinnen und ein sehr klar entwickeltes Becken bei Biesenthal stärker gegliedert.

Diese ursprüngliche glaziäre Dreiteilung der Barnim-Hochfläche spiegelt sich auch im heutigen Gewässernetz wider. Die Wasserscheide liegt im Bereich der Frankfurter Eisrandlage. Von ihr aus folgt eine Vielzahl von Fließen und Flüßchen der alten glazifluvialen Anlage nach Süden zum Berliner Urstromtal, von denen Erpe, Wuhle und Panke genannt seien. Ähnliche Verhältnisse liegen im Rückland vor; der Abdachung nach Norden gehorchen die Finow mit zahlreichen Zuflüssen, die Schwärze und das Nonnenfließ.

Für die Rekonstruktion der paläogeographischen Verhältnisse vor allem des nördlichen Barnims haben die Untersuchungen im Biesenthaler Becken wesentliche Daten geliefert. Dieses Becken, das im Süden bis

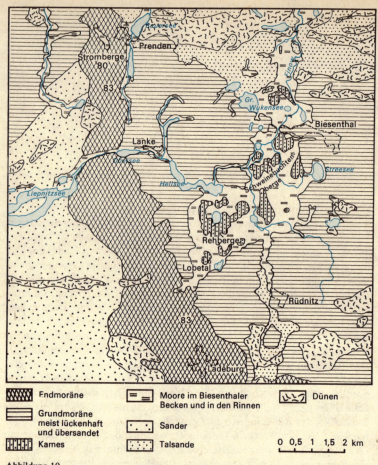

Legende:

	Endmoräne		Moore im Biesenthaler Becken und in den Rinnen		Dünen
	Grundmoräne meist lückenhaft und übersandet		Sander		
	Kames		Talsande		

0 0,5 1 1,5 2 km

Abbildung 10
Glaziale Serie der Frankfurter Staffel im Raum Wandlitz-Biesenthal

südlich von Lobetal und im Norden bis in das Eberswalder Urstromtal erstreckt, hat mit ca. 10 km Nord-Süd-Ausdehnung bei ca. 4 km Ost-West-Erstreckung zwar eine beachtliche Größe, stellt aber kein Zungenbecken dar, wie bei seiner Lage im unmittelbaren Hinterland einer Hauptendmoräne zu vermuten wäre. Ihm fehlt die weithin großzügige, einheitliche Gestalt der typischen Zungenbecken, vielmehr ist es in eine Vielzahl kleinerer, z. T. isolierter Teilbecken aufgelöst. Die heutige Beckenbodenhöhe liegt im nördlichen Abschnitt, der in das Eberswalder Urstromtal eingetieft ist, von der Finow durchflossen und daher als Finow-Teil bezeichnet wird, verbreitet bei 35 m NN; sie steigt nach Süden, im Barnim-Teil des Beckens, auf ca. 55 m NN an; in beiden Beckenteilen beträgt die Höhendifferenz zu den Nachbargebieten 15–20 m.

Im Biesenthaler Becken sind zwei Geschiebemergel anzutreffen, die beide weichselzeitliches Alter aufweisen. Der untere Geschiebemergel ist an mehreren Stellen, z. B. bei den Schweinebuchtenbergen und am Heidenberg, unter mehrere Meter mächtigen Sanden etwa im Niveau des rezenten Beckenbodens gefunden worden; geschiebestatistische Untersuchungen erbrachten W1-Alter, d. h. eine Zuordnung zum Brandenburger Stadium. Der obere Geschiebemergel ist nördlich von Biesenthal auf der Hochfläche an der Oberfläche weit verbreitet, südlich des Ortes tritt er fleckenhaft bis in die Nähe der Frankfurter Endmoräne auf; sein Alter ist W2-zeitlich, also dem Pommerschen Stadium zugehörig. Die Entstehung des Barnim-Teils des Biesenthaler Beckens ist daher nicht auf kräftige Exaration wie in den Zungenbecken zurückzuführen, sondern auf randliche Umschüttung und Überdeckung von mächtigem Toteis durch Sande, die beim Rückschmelzen des Inlandeises von der Frankfurter Eisrandlage akkumuliert wurden. Das Inlandeis des Pommerschen Stadiums hat danach den Biesenthaler Raum nochmals erreicht und die jüngere Grundmoräne hinterlassen, die im Beckenbereich wenigstens teilweise direkt über dem älteren Toteis, auf der Hochfläche über den Rückschmelzsanden abgelagert wurde. Neben den stratigraphischen Belegen sprechen dafür auch die Lagerungsverhältnisse an den Beckenrändern, die z. B. am Ostrand nördlich von Biesenthal durch großartige, niedertaubedingte Abschiebungen nicht nur der Rückschmelzsande, sondern auch des oberen Geschiebemergels gekennzeichnet sind. Die Abschiebungsbeträge erreichen mehr als 10 m.

In diesem sich herausbildenden Barnim-Teil des Biesenthaler Beckens wurden vom stagnierenden Inlandeis der rahmenden Hochflächen Schmelzwässer gelenkt, die nach Norden flossen; sie führten Feinsande mit, die in diesem Beckenteil als glazifluviolimnisches Sediment neben und später auch über stagnierendem Eis abgelagert wurden. Zum Abschluß der Sedimentation der Beckensande lag ein sehr wenig gegliedertes Relief im Becken vor, das jedoch wegen der unterschiedlichen Mächtigkeit des unterlagernden Toteises während des späteren Tieftauprozesses eine starke Belebung in Kames und zahlreiche kleine Becken erfuhr.

Andere Verhältnisse liegen im Finow-Teil des Beckens vor. Hier wurde tiefliegendes stagnierendes Inlandeis von den Talsanden des Eberswalder Urstromtales zur Zeit der Pommerschen Eisrandlage definitiv verschüttet und dadurch konserviert. Während dieser Zeit lag der Boden des sehr flachen Barnim-Teils des Beckens höher als das Urstromtalniveau (ca. 47 m NN), sonst müßten die Talsande auch dort verbreitet sein.

Nach der Beendigung der glazifluvial-glazilimnischen Sedimentation schritt die weitere Entwicklung unter periglaziären Bedingungen voran.

Neben weitverbreiteten Periglazialerscheinungen, wie periglazialen Tälern, die in das Becken gerichtet sind, und Dünen, die von Westen vor allem in den Finow-Teil des Beckens hineingeweht wurden, weist das Biesenthaler Becken gemeinsam mit westlich benachbarten Tiefenzonen (Hellsee) eine Besonderheit auf, die in dieser Form bisher im Tiefland der DDR nicht bekannt war: die von nun an bis in die Gegenwart andauernde Ablagerung kalkhaltiger Beckensedimente in verschiedenen Milieus. Der Kalkanteil dieser Sedimente stammt aus den generell kalkreichen Hochflächensedimenten, unter denen die zwischen den Weichselgeschiebemergeln liegenden Sande wegen ihres hohen Gehaltes an Kreidegeröllen eine besondere Rolle spielen.

Älteste fossilfreie Kalksande wurden im 60-m-Niveau (Lobetaler Teilbecken) angetroffen. Bereits fossilführende Kalksande und -schluffe treten in größerer Verbreitung in etwa 50 m NN auf, vor allem aber in einem Höhenintervall von 40–44 m NN. Die letztgenannten kalkhaltigen Sedimente sind mit Ausnahme des südlichsten Abschnittes, der höher als 45 m NN liegt, im gesamten Barnim-Teil des Beckens an zahlreichen Stellen nachgewiesen worden. Sie repräsentieren mit einem Kalkgehalt von 10 % bis 90 %, Characeen-Oogonien und Rhizosolenien, mehreren Ostracodenarten und Gastropoden in einer Mächtigkeit von einigen dm den Uferbereich eines großen spätglazialen Sees, in dem sie im sommerlich durchwärmten Flachwasser gebildet wurden. Für das spätglaziale Alter spricht neben den z. T. kühle Gewässer liebenden Ostracodenarten und den Lagerungsverhältnissen (tieftaubedingte Störungen durchschlagen die Kalkschluffe) eine ^{14}C-Datierung von Muschelschalenbruch, die ein Alter von 13 210 ± 210 Jahren erbrachte.

Diese kalkigen Sedimente des Biesenthaler Sees, der eine Größe von etwa 8 km^2 hatte, sind nur im Barnim-Teil des Beckens verbreitet, sie fehlen im nördlich anschließenden Finow-Teil völlig. Hier existierte zur Zeit des Biesenthaler Sees noch kein Becken, da das Toteis durch mächtige Talsande verschüttet war und von initialen Auftauprozessen des Dauerfrostbodens während der ersten spätglazialen Interstadiale nicht erreicht wurde.

Dies war jedoch im Barnim-Teil wegen der stellenweise nur geringmächtigen Beckensande mindestens seit dem Bölling-Interstadial gegeben, so daß sich in den durch Nachsacken der Beckensande entstandenen Hohlformen der periglaziäre Biesenthaler See herausbilden konnte. Er nahm eine Reihe von kurzen Flüßchen aus dem rahmenden Hochflächenbereich auf (Sydower Fließ, Langerönner Fließ, Rüdnitzer Fließ u. a.); der Abfluß des Sees ist jedoch nicht rekonstruierbar, da er wahrscheinlich über dem noch toteisunterlagerten, späteren Finow-Teil des Beckens etwas unterhalb des Urstromtalniveaus vor sich ging.

Eine Umstellung der Situation erfolgte, als noch im Spätglazial durch tieftauendes Toteis der Finow-Teil des Beckens entstand und auch im östlichen Abschnitt des Eberswalder Urstromtals bis zum Oderbruch durch den gleichen Vorgang das Gelände stark erniedrigt wurde. Die Folge war eine beträchtliche Spiegelabsenkung des Biesenthaler Sees und seine Auflösung in einige kleine Restseen (u. a. Streesee, Mittelsee) mit unterschiedlicher Spiegelhöhe. Zwischen ihnen und sie durchströmend fanden die Fließe auf dem Beckenboden ihren generell nordwärts gerichteten Lauf, bis sie sich nördlich von Biesenthal zur Finow vereinigten. Zu diesem Zeitpunkt, im ausgehenden Weichsel-Spätglazial, hatte das Biesenthaler Becken sein ausgeprägtestes Relief; die höchsten Teile finden sich mit über 50 m NN an einigen Kameskuppen, während die Tieftau-Hohlformen bis etwa 20 m NN hinunterreichen.

Seit dem Zerfall des spätglazialen Biesenthaler Sees war die weitere Entwicklung durch intensive limnische Sedimentation und nachfolgende weitflächige Vertorfung der tieferen Beckenteile gekennzeichnet. Die limnischen Ablagerungen sind vorwiegend Kalkmudden, die in den von Fließen durchströmten Seen bis zu 15 m Mächtigkeit erreichen. Wie bei den Uferkalken des Biesenthaler Sees gelangte der Kalkanteil durch die Fließe und durch an den Beckenrändern austretendes Grundwasser in den Beckenraum und wurde in den zahlreichen Seen zusammen mit feinklastischem Material vorwiegend biogen ausgefällt. Sehr rasch verflachten die durchflossenen Seen, so daß von den Ufern ausgehend Vertorfung und Verlandung einsetzen konnten. Die Torfbildung der Verlandungsmoore begann mit Sicherheit bereits im Boreal und führte in den nachfolgenden Abschnitten des Holozäns zum Verschwinden zahlreicher Seen; als Beispiel sei ein mindestens 15 m tiefer See im Bereich der Pfauenwiesen südlich des Ortskerns von Biesenthal genannt, an dessen westlichem Ufer in den Schweinebuchtenbergen ein mesolithischer Siedlungsplatz gelegen hat.

Durch das Torfwachstum wurden im späten Holozän vielfach Zufluß und Abfluß der Seen behindert, so daß ein allmählicher Spiegelanstieg die Folge war. Im kühleren und feuchteren Subatlantikum führte diese Entwicklung zur Vernässung bis dahin trockenliegender Flächen in der Umgebung der Seen und zur Entstehung von Grundwasseranstiegsmooren, die sich später vielfach in Durchströmungsmoore umwandelten und weitflächig Torfmächtigkeiten bis zu 5 m aufweisen, z. B. in den Bürgerwiesen im Süden des Beckens, wo die Torfe unmittelbar über Beckensanden lagern. An den Beckenrändern haben sich an mehreren Stellen (östlich des Streesees, östlich des Lehnssees) an flächenhaften Quellaustritten Hangquellmoore gebildet, die an ihrer beckeneinwärts einfallenden Oberfläche leicht erkennbar sind.

Die Aufhöhung der tieferen Beckenabschnitte durch Muddesedimentation und Torfbildung führte zu einer deutlichen Abschwächung des Reliefs im Becken. Nur an wenigen Stellen übersteigen die Höhenunterschiede 10 m. Auch das Gewässernetz erfuhr eine grundlegende Veränderung. Mit dem Eintreten in das Biesenthaler Becken erlosch der oberirdische Abfluß der Fließe fast völlig und erfolgte weitgehend innerhalb der mächtigen Torfkörper der Durchströmungsmoore. Nur an wenigen Eng-stellen existierten kurze Fließstrecken, wie im Bereich der Kietz-Mühle im westlichen Biesenthal.

Vor dem Eingriff der menschlichen Gesellschaft, der intensiv seit dem 13. Jahrhundert erfolgte, war das Biesenthaler Becken eine amphibische Moorlandschaft, aus der nur an einigen Stellen trockene Kameshügel in-selartig aufragten.

Die Meliorationsmaßnahmen der vergangenen Jahrhunderte hatten vor allem die Entwässerung der Moore zum Ziel. Es erfolgte eine Regene-ration der Fließe, die heute, weitgehend ein bis zwei Meter in die Torfe eingeschnitten, die Moore oberflächlich entwässern. Sie stellen daher aus-nahmslos künstliche Gebilde dar, deren Lauf nur zufällig dem ihrer Vor-gänger aus der Zeit vor der Vermoorung entsprechen dürfte. Mit den Me-liorationsmaßnahmen waren Absenkungen von Seespiegeln (z. B. Stree-see um etwa 1,5 m) und auch Spiegelanhebungen durch Mühlenstaue (Kietz-Mühle, Wehrmühle) verbunden.

Diese Eingriffe der Gesellschaft, die vorrangig die Regulierung der Wasserverhältnisse betrafen, machten eine vielseitige, intensive Nutzung des Beckenraumes möglich.

Die Landnutzung entwickelte sich in enger Anlehnung an die Relief- und Substratverhältnisse. Der weiten Verbreitung von Sanden, kiesigen Endmoränen und Talsandflächen entsprechend, wird auch heute noch et-wa die Hälfte des Exkursionsgebietes von Wäldern eingenommen.

Die natürlichen Wälder – baltische Buchenwälder, Buchen-Traubenei-chenwälder und auf ärmeren Standorten Kiefern-Traubeneichenwälder – sind nur noch in kleinen Resten erhalten. Während die Wälder der Grund-moränenflächen schon der mittelalterlichen Rodung zum Opfer fielen, wurden die durch den Raubbau besonders im 18. Jahrhundert dezimierten Wälder der Sander- und Talsandgebiete durch Kiefernforsten ersetzt. Die Erlenbruchwälder der versumpften Niederungen sind nach deren Entwäs-serung größtenteils in Wiesen umgewandelt worden.

Der Ackerbau beschränkt sich im wesentlichen auf die Grundmoränen-gebiete südlich der Frankfurter Eisrandlage. Die Grundmoräne ist hier meist relativ sandig ausgebildet oder von geringmächtigen Sanden be-deckt. Außerhalb der Grundmoränenflächen werden Sander- und Tal-sandflächen mit günstigem Grundwasserstand, die in Ortsnähe liegen, ak-kerbaulich genutzt. Ackerfrüchte sind fast ausschließlich Roggen und Hackfrüchte. Der bis in das 19. Jahrhundert gepflegte Anbau einiger Spe-zialkulturen – Wein bei Biesenthal und Bernau, Tabak und Hopfen bei Bernau – ist zum Erliegen gekommen. Die Grünflächen beschränken sich auf die grundwassernahen Moor- und Talsandflächen im Biesenthaler Becken, im Finow- und Panketal und um einige Seen. Ihre Ausdehnung ist gering.

Die Sand- und Kiesvorkommen des Exkursionsgebietes werden heute nur in kleinen Gruben für den lokalen Bedarf genutzt.

In wachsendem Maße zieht das landschaftlich reizvolle Gebiet – die Landschaft um Wandlitz und Biesenthal steht unter Landschaftsschutz – Erholungssuchende und Touristen an.

Exkursionsroute

Das Exkursionsprogramm beginnt in Bernau.

Bernau

Kreisstadt und Wohnsiedlung im Randgebiet Berlins mit 17 800 Einwohnern (1983), auf flachhügeligem, zum Teil übersandetem Grundmoränengelände am Rande der Niederung der oberen Panke gelegen; im Jahre 1296 als civitas Bernow urkundlich erwähnt; Ackerbau und Gewerbe (Tuchmacherei, Bierbrauerei, später Manufakturen für Kattun und Seidenwaren); mit Industrialisierung rasche Bevölkerungszunahme (1801 1789, 1871 5567, 1939 13853 Einwohner). Seit 1925 S-Bahn-Verbindung mit Berlin; gut erhaltene Stadtmauer aus dem 14. Jahrhundert.

Nach 1900 wird die Stadt Verwaltungsmittelpunkt. Die Industrie tritt stark zurück. Viele Bernauer arbeiten in der Hauptstadt Berlin. Bernau ist Standort der Hochschule des FDGB „Fritz Heckert".

Auf der Straße nach Ladeburg über die Endmoränen der Frankfurter Staffel, jenseits von Ladeburg nahe dem Innenrand der Endmoränen nach Lanke.

Lanke

870 Einwohner; an der Vereinigung mehrerer Zweigrinnen zur Rinne des Liepnitzsees gelegen.

Von Lanke an das Ostufer des Obersees, von hier kurzer Fußmarsch zur Sandgrube am Nordufer; in die Luft ausstreichende, leicht zum See einfallende Sandschichten (Toteisanstauen in der Seenrinne); Weiterfahrt durch die Endmoräne bzw. das Gletschertor nach Ützdorf und an den Liepnitzsee; zurück nach Lanke und über flache Grundmoränenplatte nach Biesenthal.

Biesenthal

Kleinstadt und Kurort, in waldreichem Hügelgelände des Biesenthaler Beckens an der Finow gelegen, 4 300 Einwohner (1983); im Jahre 1258 erstmals als Bisdal urkundlich erwähnt, vor 1307 Stadtrecht; bis ins 19. Jahrhundert Ackerbürgerstädtchen, früher ansehnlicher Weinbau, Mühlen, Gewerbe, erst im 20. Jahrhundert einige Industriebetriebe (Holz- und Metallverarbeitung); seit dem Bahnbau Berlin–Stettin (Bahnhof ursprünglich 3 km östlich der Stadt) Ausdehnung der Siedlung zum Bahnhof; Mineralquelle; zunehmender Urlauber- und Touristenverkehr; neben Handwerk und Gewerbe bestimmen Einrichtungen der

Landwirtschaft und Nahrungsgüterwirtschaft das Wirtschaftsgeschehen; von Biesenthal Fußmarsch (ca. 1 1/2 Stunden) zu den Kames im Becken; zum Heiden-Berg mit verfallenem Aufschluß am Südhang, Fein- und Mittelsande zeigen Ausweitungsstörungen, aber keine Stauchungen; weiter zu den Schweinebuchtenbergen mit Aufschluß am Nordwesthang; Sande und Kiese mit antithetischen Abschiebungen parallel zum Hang und entsprechendem Einfallen der Schichten; Toteissackungen, aber keine Einengungsstörungen durch Eisdruck; weiter über die Hellmühle zu den Hügeln um den Plötzensee (kein Aufschluß, vermutlich ebenfalls Kames) und nach Lobetal; am Nordrand des Ortes Aufschluß in Fein- bis Mittelsanden, die ebenfalls an der Oberfläche ausstreichen; Abschiebungen parallel zum Hang; von Lobetal Rückfahrt über Rüdnitz nach Bernau.

8. Rüdersdorf – Geologie, Kalk- und Zementindustrie

Im nördlichen und mittleren Tiefland der DDR liegt der Festgesteinsbereich des Tafeldeckgebirges in der Regel so tief, daß er sich einer Nutzung bis heute entzieht. Entsprechend bedeutungsvoll sind auch jene seltenen Fälle, wo prätertiäres Gestein „auftaucht" und bis an die Erdoberfläche reicht.

Hierzu zählt der Zechstein-Trias-Sattel von Rüdersdorf. Er stellt eine über dem Zechstein-Salinar salztektonisch angelegte Antiklinale dar (Streichrichtung ENE-WSW bzw. im Westabschnitt NE-SW), die die pleistozäne Barnim-Platte durchragt. Die vertikale Hebung des mesozoischen Schichtpaketes ist mit mehreren hundert Metern gegenüber der allgemeinen geologischen Lagerung in diesem Raum anzugeben. Dabei läßt sich beispielsweise aufgrund der lokal extremen Höhenlage spätelsterzeitlicher Beckenablagerungen (bei plus 35 m NN) der nachelsterzeitliche Hebungsanteil mit wenigstens 20 bis 60 m ausweisen. Als offenliegende Muschelkalkinsel mit etwa 3,5 km Länge und 1 km Breite (heute weitgehend identisch mit dem Abbaufeld bzw. dem Bergbauschutzgebiet) tritt allerdings nur ein Teil der nördlichen Achsenflanke dieser Antiklinalstruktur in Erscheinung. Morphologisch wenig markant, überragt sie mit dem Weinberg (75 m NN) im Rüdersdorfer Ortsteil Kalkberge nur unwesentlich (10 bis 20 m) die benachbarten Geschiebemergelhöhen. Bereits der ca. 4,5 km südlich liegende Endmoränenrest der Kranichberge (106 m NN), der zugleich den Südrand der Barnim-Hochfläche zur Berliner Urstromtalung bildet, übertrifft den Weinberg schon erheblich an Höhe. Bemerkenswert an der naturräumlichen Lagesituation des Trias-Fensters auf der Barnim-Hochfläche ist, daß es von einer, für den Barnim charakteristischen, subglazialen Rinnenstruktur (Rüdersdorf-Strausberger Rinne) mit einer NNE-SSW-Streichrichtung überlagert wird, was eine Freilegung des triassischen Gesteinskomplexes begünstigte. Die dabei an den Rinnenzug gebundene Seenkette (Krien-, Kessel-, Kalk- und Flakensee) bedeutete einst eine günstige Voraussetzung zur Anlage eines Wasserweges für den Kalktransport in Richtung Berlin.

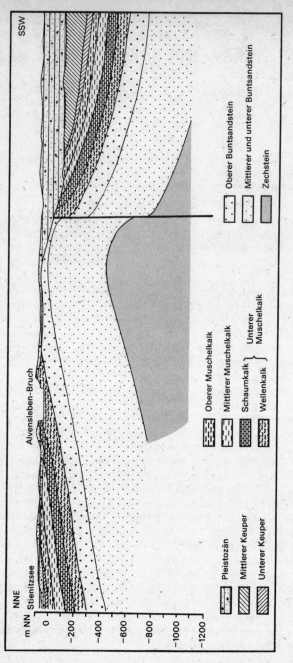

Abbildung 11
Schematisches Profil durch die Antiklinalstruktur von Rüdersdorf
(nach JUBITZ, HEIMLICH und KUPKE 1960)

Neben der ökonomischen Bedeutung der Rüdersdorfer Kalksteinbrüche ist wiederholt von verschiedenen Autoren auf den wissenschaftlichen Wert dieses Trias-Kalkvorkommens sowohl für die Erforschung der Trias-Stratigraphie und -Petrographie als auch vor allem der pleistozänen Inlandvergletscherung (O. TORELL 1875) aufmerksam gemacht worden.

Bis Anfang der 1970er Jahre waren in Rüdersdorf neben dem Muschelkalk-Komplex, insbesondere im Bereich des Kesselses, (heute nicht mehr zugänglich), auch der obere Teil des Buntsandsteins (Röt) aufgeschlossen. Verschüttet ist jetzt somit die Schichtabfolge von meist rötlichen Letten in Wechsellagerung mit graugrünen Mergeln und Kalksteinbänken einschließlich Fasergips-Bildungen. Nur in Tiefbohrungen wurden auch ältere Schichten (bis oberer Zechstein) sowie an der Nordflanke beim Ortsteil Tassdorf auch Keupersedimente nachgewiesen. Derzeitig ist der zutagetretende bzw. aufgeschlossene Untere Muschelkalk in einer Gesamtmächtigkeit von ca. 153 m ausschließlich im Tagebaugebiet sichtbar und bedarf als Betriebsgelände einer Zutrittsgenehmigung.

Etwa Mitte der 70er Jahre war im Alvenslebenbruch ein weiterer Vortrieb des Abbaus nach Osten infolge des steilen Schichteinfallens („Abtauchen") unproduktiv geworden. Daraus folgte zwangsläufig nunmehr in Richtung Westen die „Durchfahrung" der geologisch schwierigen „Kreuzbrückenspalte", einer zur Sattelachse querliegenden Verwerfung, so daß mit dem Anschluß des wieder trockengelegten Heinitzbruches (er war von 1916 bis 1975 geflutet gewesen) ein Großtagebau entstand. An seiner Nordwand (mit einem Schichteinfallen von 10 bis 30°) zeigt sich im frischen Aufschluß die Schichtabfolge der Unteren-Muschelkalk-Stufe von unten nach oben:

– Wellenkalk („blauer Kalkstein") – ein einheitlich harter, toniger Kalk von blaugrauer Farbe und relativ gleichmäßig dünner, meist gewellter Schichtung mit flasriger bis wulstiger Oberfläche; Schichtmächtigkeit bis 75 m; Vorkommen des Minerals Cölestin und des für Rüdersdorf charakteristischen Leitfossils Myophoria vulgaris;

– Schaumkalk („weißer Kalk") – ein fester, zumeist dickbankiger, körniger und poröser Kalkstein von heller, gelblicher Farbe; Schichtmächtigkeit ca. 70 m; reich an versteinerten Arten und Individuen (Myophorien und Encrinus-Arten);

– Myophorienschichten (Orbicularis-Stufe) mit einem hohen Gehalt an kohlensaurer Magnesia ($MgCO_3$) und anderen unlöslichen Bestandteilen zeigen eine Schichtmächtigkeit von 8 m;

– geringmächtige pleistozäne Decksedimente.

Der Abbau erfolgt gegenwärtig auf drei Sohlen – in plus 35 m, in plus 5 m und in minus 25 m NN. Den Rohstoff für die umfangreiche Produktion liefert weitgehend nur noch der vorhandene Wellenkalk. Die Kalkvorräte reichen bis in das neue Jahrhundert hinein. Darüber hinaus dient seit jüngerer Zeit der Mittlere Muschelkalk („tauber Kalkstein") als Rohstoff für die Düngemergelproduktion.

Der Kalksteinabbau von Rüdersdorf begann in der Mitte des 13. Jahrhunderts, als die Gemarkung zum Besitz des Zisterzienserklosters Zinna (bei Jüterbog) gehörte. Die Mönche vergaben gegen einen Zins das Bruchrecht an Einzelpersonen und Städte, so unter anderem an Strausberg, Köpenick und Berlin. Um die Rechte an den Kalksteinbrüchen kam es seit dem 16. Jahrhundert immer wieder zu Auseinandersetzungen mit dem Ergebnis, daß schließlich die Stadt Berlin allein in den Besitz der Brüche gelangte. Für den Kalksteintransport wurde in der zweiten Hälfte des 16. Jahrhunderts der Kalkgraben schiffbar gemacht sowie die Woltersdorfer Schleuse angelegt, mit deren Hilfe die 2,5 m Höhendifferenz zwischen den Rüdersdorfer und Berliner Gewässern überwunden wird. Erst vom 17. Jahrhundert an kann von einem regelmäßigen Kalkabbau gesprochen werden. Damit verband sich nach 1660 in der Nähe der Brüche die Anlage von zwei Arbeitersiedlungen (Alter Grund und Hintere Kalkberge), aus denen Kalkberge als zentraler Ortsteil der Gemeinde Rüdersdorf hervorging.

An der Wende 18./19. Jh. setzte ein merklicher Aufschwung ein. Er äußerte sich u. a. im Beginn der geologischen Lagerstättenerkundung, in der Entwicklung leistungsstärkerer Kalkofentypen und im Bau von drei Kanälen (Heinitz-, Reden- und Bülowkanal), die den Transport zwischen den Kalkbrüchen und den Kalköfen bzw. den schiffbaren Gewässern (Mühlenfließ, Kalkgraben) vermittelten. Aus dem 19. Jahrhundert sind uns heute noch bauliche Sachzeugen der Gewinnung, des Transportes und der Verarbeitung des Kalksteins sowie auch der Lebensweise der Kalkbergarbeiter überliefert. Es handelt sich u. a. um:

— zwei Rumfordsche Kalköfen (um 1802 und 1804),
— eine Schachtofenbatterie, bestehend aus 18 Öfen (1871–1877),
— die imposanten Eingangsportale der tunnelartigen Kanalunterführungen (z. B. Bülowkanal 1816),
— einen Seilscheibenpfeiler (Mitte des 19. Jh.),
— die Kalkbergarbeitersiedlung „Landhof" (Mitte des 19. Jh.).

Diese Denkmale der Produktionsgeschichte und Industriearchitektur, die heute meist auf Betriebsgelände an der Westseite des Heinitzbruches liegen, wurden entsprechend ihrer Bedeutung in die zentrale Denkmalliste der DDR aufgenommen.

Nachdem die Rüdersdorfer Kalksteinbrüche zuerst nur Bausteine lieferten, begann im 19. Jahrhundert mit der Branntkalkherstellung die Bindemittelerzeugung in den Vordergrund zu treten. Dabei leitete die Zementproduktion (erste Zementfabrik am Standort 1883 im Tal des Mühlenfließes) eine neue Etappe ein. Sie wurde in ihrer Entwicklung vom sprunghaft gestiegenen Bindemittelbedarf Berlins stark beeinflußt; der zyklische Verlauf der Berliner Bautätigkeit wirkte sich immer auch auf die Rüdersdorfer Kalk- und Zementindustrie aus. In den 30er Jahren unseres Jahrhunderts stand ihr weiterer Ausbau im Zusammenhang mit den faschistischen Plänen zur Kriegsvorbereitung (Bau von Kasernen, Autobahnen u. a.).

Nach 1945 stellten sich wichtige Aufgaben durch den Wiederaufbau und die Integration der in Rüdersdorf vorhandenen Baustoffbetriebe zum VEB Zementwerke Rüdersdorf. Ausdruck der sozialistischen Entwicklung ist eine wesentliche Erweiterung des Standortes in Richtung Herzfelde durch die Inbetriebnahme des Zementwerkes IV und des Kalkwerkes in den Jahren 1966–68. Von den insgesamt acht Betriebsteilen liegen fünf in Rüdersdorf (Tagebau, Kalkwerk, Zementwerke II und IV, Betonwerk). Zusammen mit weiteren, benachbarten Betrieben der Baumaterialienindustrie (Plattenwerk Vogelsdorf und Baustoffkombinat Herzfelde) bildete sich hier eine lokale Konzentration dieses Industriebereiches mit Bedeutung im DDR-Maßstab heraus.

Am Standort Rüdersdorf/Herzfelde des VEB Zementwerke sind gegenwärtig rund 3000 Arbeitskräfte beschäftigt. Sie kommen zu ca. 70 % aus Rüdersdorf selbst, die anderen pendeln aus den umliegenden Gemeinden der Kreise Strausberg und Fürstenwalde ein.

Heute gehört der Betrieb neben Deuna, Karsdorf und Bernburg zu den vier großen Zementproduzenten der DDR. Die Jahresproduktion des VEB Zementwerke Rüdersdorf beträgt ca.:

- 1,8 Mill. t Zementklinker
- 350 000 t Branntkalk (für die Feinkalk- und Hydratherstellung)
- 2,8 Mill. t Zement (fast ausschließlich auf der Basis von Wellenkalk)
- 150 000 t Kalksteinschotter
- 350 000 t Düngemergel
- je 100 000 t Steinmehl und Beton
  (vorrangig Industriebaufertigteile)

Beliefert werden die Wohnungsbaukombinate, die Baustoffversorgung und verschiedene Industriezweige vor allem in der Hauptstadt Berlin sowie in den mittleren und nördlichen Bezirken der DDR. Ein kleiner Teil der Produktion geht in den Export.

Etwa 80 % der Erzeugnisse verlassen den Betrieb über den Schienenweg (werkseigener Eisenbahnanschluß) und ca. 20 % auf der Straße.

Der Schifftransport spielt derzeit keine Rolle mehr; der Wasserweg dient lediglich dem Antransport von Steinkohle.

Mit der Produktion sind jedoch auch hohe Belastungen des Territoriums durch Staubemissionen verbunden. Sie konnten in den letzten Jahren gesenkt werden aufgrund von Investitionen in Entstaubungsanlagen (rund 25 Millionen Mark im Zeitabschnitt 1981–1985). Ein ökonomischer Nebeneffekt ergibt sich aus der Nutzung von Grubenwässern für die Forellenzucht (10 t/Jahr).

Exkursionsroute

Sie führt vom südöstlichen Stadtrandgebiet der Hauptstadt Berlin in jenen Teil des östlichen stadtnahen Umlandes, der zum Kreis Fürstenwalde gehört. Die Grundstruktur der meisten Siedlungen an der Exkursionroute bildete sich unter kapitalistischen Bedingungen als Teil des Berliner Wirtschafts- und Siedlungsgebietes heraus. Sowohl die kleinstädtisch-industrielle Landgemeinde Rüdersdorf als auch die hauptsächlich zu Wohnvororten Berlins gewordenen Gemeinden Erkner, Schöneiche und Woltersdorf gehören heute nach der Einwohnerzahl zu den größten Landgemeinden der DDR.

Berlin-Friedrichshagen

Im Zuge der Binnenkolonisation unter FRIEDRICH II. von Preußen in der Urstromtalung 1753 als Straßendorf mit hausgewerblicher Spinnerei für böhmische und Pfälzer Ansiedler gegründet; seit der 2. Hälfte des 19. Jahrhunderts mit der Verkehrserschließung (1849 erste Bahnstation an der 1842 eröffneten Eisenbahnstrecke Berlin–Frankfurt (Oder); heutiger Bahnhof aus dem Jahre 1902) Entwicklung zum Vorort, der, seit 1920 (damals mit rund 15 000 Einwohnern) zum Berliner Stadtbezirk Köpenick gehört; das Müggelseegebiet um Friedrichshagen ist ein beliebtes Naherholungsziel. Die Hauptstraße des Ortes (Bölschestraße) hat als Einkaufszentrum ein in das östliche Umland hineinreichendes Einzugsgebiet. Wichtige Betriebe sind der VEB Berliner Bürgerbräu und das Wasserwerk Berlin-Friedrichshagen, das als größtes Wasserwerk der DDR gegenwärtig 60 Prozent der Berliner Haushalte versorgt. Im Jahre 1893 in Betrieb genommen, wurde es rekonstruiert (Objekt der zentralen Denkmalsliste der DDR) und durch Neubau erweitert.

Unmittelbar nördlich des S-Bahnhofes beginnt die Überlandstraßenbahn nach Rüdersdorf (vollständige Inbetriebnahme der Strecke im Jahre 1912; Fahrtdauer bis Rüdersdorf-Torellplatz ca. 30 Minuten).

Schöneiche

Am Südrand der Barnimhochfläche liegt das ausgedehnte Siedlungsareal der Auspendlergemeinde (1985 8900 Einwohner). Die Ein- und Zweifamilienhäuser entstanden vor allem in den 20er und 30er Jahren. In der Gemeinde ohne ausgeprägtes Ortszentrum sind noch die alten Dorfkerne der ehemals selbständigen Siedlungen Kleinschönebeck und Schöneiche zu erkennen. Die früher dominierende landwirtschaftlich-gärtnerische Produktion wird heute als Nebenfunktion weitergeführt (u. a. Sitz einer LPG(P) und einer GPG).

Rüdersdorf

Von der Anhöhe des Kulturhauses „Martin Andersen Nexö" nahe der Autobahn, die hier auf einem ca. zwei Kilometer langen Damm- und

Brückenbauwerk den Rüdersdorfer Grund mit Kalksee quert, bietet sich eine erste Übersicht zur territorialen Situation. Es wird u. a. auch auf den Weinberg (NE) mit der Kalkvegetation und auf das Vorland der Frankfurter Eisrandlage verwiesen. Danach wird als Standort die Landhofsiedlung mit einem Abstecher zu den Rumfordschen Kalköfen und dem Portal des Bülowkanals vorgeschlagen. Weitere Standorte zum Kalkabbau und zur Zementindustrie liegen dann schon auf Betriebsgelände. Am Torellplatz schließlich erinnert ein kleiner erratischer Block (Findling) daran, daß Rüdersdorf in Verbindung mit der Inlandeistheorie bekannt wurde. Über das Vorkommen von Gletscherschrammen (heute am Ort nicht mehr vorhanden) auf dem Muschelkalk ging die Erkenntnis der Inlandeisbedeckung des nordmitteleuropäischen Tieflandes aus, die TORELL erst im Jahre 1875 gegen die damals herrschende Drifttheorie durchsetzen konnte.

Rüdersdorf, mit acht Betrieben und über 4 300 Beschäftigten die größte Industriegemeinde im östlichen stadtnahen Umland von Berlin, gliedert sich in mehrere, historisch-geographisch sehr unterschiedliche Ortsteile:
- Kalkberge (Herausbildung als Bergbaugemeinde. Da ein Teil der Siedlung im Vorfeld des Tagebaus lag, wurde ihr Abbruch notwendig. Straßenbahnverlegung 1977 und gleichzeitige Weiterführung bis Alt-Rüdersdorf. Betriebe: VEB Tapetenfabrik und VEB Spezialmöbelfabrik).
- Neubaugebiet Brückenstraße (neues Wohn- und Gesellschaftszentrum mit mehr als 1 500 Wohnungseinheiten; gegenüber Kalkberge auf der Hochfläche in Richtung Alt-Rüdersdorf gelegen).
- Alt-Rüdersdorf (ältester Siedlungsteil der Gemeinde – Ersterwähnung 1287; ehemaliges Angerdorf in Hochflächenlage, höchster Punkt bei 80 m NN; Standort für Jungrinderaufzucht mit über 4000 Plätzen; Betriebe: VEB Mühlenwerk und VEB Technische Gase Leipzig).
- Tassdorf (ehemaliges Gutsdorf; heute Standort für die Tierproduktion; südlich von Tassdorf der zweitgrößte Betrieb der Gemeinde Rüdersdorf, der VEB Chemiewerk Coswig als Hersteller von Futterphosphaten).

Im Jahre 1931 wurden Kalkberge, Tassdorf und Rüdersdorf zur Landgemeinde Kalkberge vereinigt, die seit 1934 den Namen Rüdersdorf trägt. Die neue Großgemeinde erreichte damals fast die gegenwärtige Einwohnerzahl (1985 12000).

Für den Rückweg wird die Route über Woltersdorf/Erkner vorgeschlagen, wo man wieder die S-Bahn erreicht. Zwischen Rüdersdorf und Woltersdorf (am Ostufer des Kalksees) der Neubau des Kreiskrankenhauses mit fast 500 Betten.

Woltersdorf

Die Gemeinde besteht aus drei Siedlungsteilen. Die alte Dorfanlage (das Dorf wurde 1487 von der Stadt Berlin gekauft) und die Stadtrandsiedlungsgebiete liegen auf dem Barnim sowie am Rande der uns bekannten subglaziären Rinnenstruktur; mehrere Dünenzüge verhüllen in der Umgebung den Anstieg zum Barnim. Der Ortsteil Woltersdorfer Schleuse hingegen ist auf einer Geschiebemergelschwelle innerhalb der Rinnenstruktur zwischen Seen lokalisiert. Aufgrund der natürlichen Voraussetzungen (u. a. Endmoränenrest der Kranichberge, Wasserflächen) und der gesellschaftlichen Ausstattung (Gaststätten, Campingplätze, Betriebserholungsheime, Anlegestelle der „Weißen Flotte") beliebtes Ausflugsziel und Erholungsgebiet. Zwischen Woltersdorfer Schleuse und Berlin-Rahnsdorf verkehrt seit 1913 eine 5,6 km lange Überlandstraßenbahn. Im Jahre 1985 hatte Woltersdorf 5300 Einwohner. Im Ort gibt es kleinere Betriebe der Elektroindustrie.

Erkner

Lage zwischen Flaken- und Dämeritzsee an der Löcknitz in der Berliner Urstromtalung; Endstation der elektrifizierten S-Bahn (Fahrtzeit bis Köpenick 16 Minuten, bis Alexanderplatz 40 Minuten).

Zur Industriegemeinde entwickelte sich Erkner seit der zweiten Hälfte des 19. Jahrhunderts (1860/61 Teerfabrik, 1910 Kunstharzproduktion-Bakelite). Die Industriebetriebe Erkners sind heute: VEB Teerdestillation und Chemische Fabrik (Betrieb im PCK Schwedt) und VEB Plasta Kunstharz- und Preßmassefabrik. Das Ortszentrum wurde durch angloamerikanische Bombenangriffe am 8. März 1944 zerstört. Seit der zweiten Hälfte der 70er Jahre ist Erkner Wohnungsbaustandort für Berlin, dadurch erhöhte sich die Einwohnerzahl von 8400 (1971) auf 12900 (1985). Zwischen 1885 und 1889 lebte GERHART HAUPTMANN in Erkner (Gedenkstätte).

9. Stadtgeographie Fürstenwalde

Auf halbem Weg zwischen der Hauptstadt der DDR, Berlin, und der Bezirksstadt Frankfurt (Oder) liegt beiderseits der Spree die Kreisstadt Fürstenwalde (1986 35282 Einwohner). Im Zuge einer wechselvollen Geschichte entwickelte sich diese mehr als 700 Jahre alte Stadt zu einer bedeutenden Industriestadt und dem Zentrum eines leistungsstarken Industriekreises des Oderbezirkes mit moderner sozialistischer Landwirtschaft und überregionaler Bedeutung für die Erholung.

Das Jahr der Gründung Fürstenwaldes wird 1272 das erste Mal in einer Beeskower Urkunde erwähnt. Die Gründung erfolgte mit Sicherheit erst im Zuge der feudalen deutschen Ostexpansion, obwohl das Gebiet um Fürstenwalde – wie Ausgrabungen und Funde belegen – bereits seit rund zehntausend Jahren durch die Sammler, Jäger und Fischer in der Mittleren Steinzeit und die frühen Ackerbauern und Viehzüchter der Jüngeren Steinzeit, durch bronzezeitliche Siedler sowie germanische (burgundische) und nach der Völkerwanderung vom 6. Jahrhundert an durch slawische Stämme bewohnt war. Fürstenwalde wurde nämlich nach einem auch für andere während der Ostexpansion gegründete deutsche Städte typischen Siedlungsschema angelegt: eine planmäßige, fast quadratische Anordnung innerhalb der Stadtmauern mit Markt, Rathaus und Kirche, ein schachbrettartiges Straßennetz mit etwa in gleichen Abständen verlaufenden Hauptstraßen und Querverbindungen. Zuvor existierte hier in der Nähe eine slawische Siedlung, die bereits auf den frühesten Karten Fürstenwaldes als „Alte Stadt" ausgewiesen wurde. Ausschlaggebend für den Standort der Stadtgründung war dessen geographische Lage, die in mehrfacher Hinsicht Vorteile bot:

1. Hier, wo sich die Ausläufer des Barnims nördlich und die Rauensche Platte südlich des Berliner Urstromtales einander auf etwa drei Kilometer nähern, war ein günstiger Spreeübergang, so daß an diesem Platz schon frühzeitig Handelswege aus verschiedenen Richtungen zusammenliefen.
2. An der schmalsten Stelle des Berliner Urstromtales war ein günstiger Platz zur Anlage des Ortes auf hochwasserfreiem Talsand.

3. Für die militärische Sicherung der Stadt war günstig, daß sie mit der Südseite direkt an der Spree lag und andererseits ein um die Stadt gezogener Wassergraben ständig aus der Spree gespeist werden konnte.

Für die Anlage und Entwicklung Fürstenwaldes waren also seine Funktion als Brückenstadt des Landes Lebus zur Lausitz und der mit dem östlichen Hinterland aufblühende Handel bestimmend. Schon gegen Ende des 13. Jahrhunderts wurden die Waren zwischen Berlin und Frankfurt (Oder) auf der Spree transportiert. Diese war aber zunächst nur bis Fürstenwalde, wo sich eine Staustufe mit ausgedehnter Mühlenanlage befand, schiffbar, so daß von hier die Waren auf dem Landwege ostwärts weitertransportiert werden mußten. Fürstenwalde erhielt als Endpunkt des Wasserweges nach Osten das Niederlagerecht. Zoll- und Geleitgeld für den Transport auf den Landwegen brachten der Stadt bedeutende Einnahmen. Das Marktrecht, das ihr im 14. Jahrhundert zugesprochen wurde, wirkte sich ebenfalls positiv auf die Stadtentwicklung aus.

Fürstenwaldes ökonomische Basis war neben dem Handel in erster Linie die Landwirtschaft. Den Ansiedlern wurden bei der Kolonisation insgesamt 100 Hufen (etwa 1250–1500 ha) Land zugewiesen. Sie waren nördlich der Stadt in Richtung Trebus und Müncheberg angelegt worden. Hier konnte auf den fruchtbaren Ackerflächen neben Getreide und Feldfrüchten auch Wein gedeihen. Die örtlichen Bierbrauereien bezogen zum großen Teil den Hopfen aus der eigenen Landwirtschaft. Drei Fürstenwalder Vorwerke bewirtschafteten die Ländereien. Sie hatten das alleinige Recht der Schafzucht. Die Wolle diente den Tuchmachern der Stadt als Rohstoff. Natürlicher Reichtum Fürstenwaldes waren die ausgedehnten städtischen Waldungen nördlich und südlich der Spree. Das Recht der kostenlosen Entnahme von Brenn- und Bauholz (bis 1779) wirkte sich fördernd auf die Entwicklung des Handwerks aus. Der Stadtforst hatte aber auch für die Viehzucht Bedeutung (Schweinemast und Rinderwaldweide) und wurde für die Wildbienenwirtschaft (Zeidelei) genutzt. Schließlich erzielte die Stadt bedeutende Einnahmen durch den Verkauf von Holz, dessen Hauptabnehmer Berlin war.

Eine weitere Existenzgrundlage war die Fischerei, wozu die Fürstenwalder das Recht zunächst auf der ganzen Spree zwischen der Stadt und Beeskow, später auch auf den Kersdorfer See ausgedehnt, besaßen.

So entwickelte sich Fürstenwalde bis zur zweiten Hälfte des 14. Jahrhunderts zur wohlhabendsten Stadt des Bistums Lebus, dessen Bischofssitz die Stadt 1385 wurde. Zum Zeichen ihrer Macht und ihres Reichtums ließen die Lebuser Bischöfe eine Domkirche errichten, und ein neuerbautes prunkvolles Rathaus sollte das Ansehen der Stadt dokumentieren.

Zu einer Schmälerung der Einnahmequellen kam es jedoch, als 1588 die erste hölzerne Schleuse erbaut wurde. Die schiffbare Spree endete nun am Kersdorfer See, der Frankfurter Ablage. Damit entfiel für Fürstenwalde das Niederlagerecht. Als mit der Fertigstellung des Friedrich-Wilhelm-Kanals 1668 die Verbindung zwischen Oder und Spree hergestellt worden war, ging seine Funktion als Warenumschlagplatz völlig verloren. Die weitere ökonomische Entwicklung Fürstenwaldes beruhte nun im wesentlichen auf der Arbeit des Handwerks. Seine Stellung wuchs mit der Gründung von Zünften. Diese wurden von der Stadt durch den Bau gewerblicher Anlagen (Mühlen) unterstützt. Die bedeutendsten Zünfte waren die Tuchmacher und Gewandschneider sowie die Schuhmacher. Gelangte ursprünglich nur Wolle aus der Umgebung zur Verarbeitung, so weitete sich deren Bezug später auch auf Schlesien, Sachsen und Österreich aus. Die gefertigten Tuche wurden bis nach Berlin und Frankfurt (Oder) und sogar nach England verkauft. Das Bierbraurecht lag im Jahre 1800 auf 103 Häusern der Stadt. Es hatte über Jahrhunderte seinen Ruf in der ganzen östlichen Mark verbreitet.

In der Spätfeudalzeit brachte es aber Fürstenwalde durch die Auswirkungen der Kriege und der großen wirtschaftlichen Belastungen durch den preußischen Militarismus nicht über eine kleine Ackerbürgerstadt hinaus. Noch in der Mitte des 19. Jahrhunderts waren Handwerk und Gewerbe vorherrschend und die Landwirtschaft ein Haupterwerbszweig der bis 1850 nur 4 200 Einwohner zählenden Stadt.

Die Entwicklung zu einer mittleren Industriestadt mit dem Anstieg der Bevölkerungszahl auf 29 468 (1940) vollzog sich unter dem Einfluß der kapitalistischen Industrialisierung in Deutschland. Bereits 1837 war im Zuge der industriellen Revolution eine automatische Getreidemühle in Fürstenwalde errichtet worden. Erste größere industrielle Anlage war die 1843 gegründete Woll- und Flachsspinnerei. Es bildeten sich weitere kleinere kapitalistische Unternehmen heraus, die Rohstoffe aus der Umgebung sowie die sich verbessernden Verkehrsverhältnisse nutzten. So betrieb seit 1843 eine Aktiengesellschaft Braunkohlenbergbau in den nahegelegenen Rauenschen Bergen (vgl. 10.). Auf der Grundlage des in Rüdersdorf abgebauten Kalks produzierten in Fürstenwalde seit Beginn des 19. Jahrhunderts einige Kalköfen und Kalkbrennereien. Mehrere Ziegeleien und eine Kachelfabrik kamen später dazu. Weitere kleinere Fabriken verarbeiteten die landwirtschaftlichen Produkte der Umgebung. Erster Großbetrieb in Fürstenwalde war eine Brauerei. Die ökonomische Entwicklung Fürstenwaldes erfuhr also in der zweiten Hälfte des 19. Jahrhunderts eine starke Belebung: 1845 gab es hier 40 kleinere und mittlere Betriebe, am Ende der sechziger Jahre waren es sogar 92 Betriebe. Hierdurch wurden viele Arbeitskräfte angezogen. Die Einwohnerzahl Fürstenwaldes stieg von 4 200 im Jahre 1840 auf 8 193 im Jahre 1871. Diese stürmische Entwicklung stand in engem Zusammenhang mit der Verbesserung der Verkehrsbedingungen: 1842 erhielt die Stadt Anschluß an das Eisenbahnnetz mit der Fertigstellung der Strecke Berlin–Frankfurt (Oder); die Dampfschiffahrt gewann im Binnenverkehr, besonders für den Gütertransport, an Bedeutung; zur Verbesserung der Transportverbindungen mit der Umgebung wurde das Straßennetz erweitert und modernisiert.

Die „Gründerjahre", die in Deutschland mit der Entwicklung der kapitalistischen Großindustrie verbunden waren, brachten auch Fürstenwalde das erste große Industrieunternehmen. 1872 begann hier die Berliner Firma Pintsch mit dem Bau ihres später bedeutendsten Werkes. Standortbestimmend waren verkehrsgünstig gelegenes, billiges Bauland und ein großes Arbeitskräftereservoir außerhalb des Tarifgebietes von Berlin, das durch Zahlungen von unterdurchschnittlichen Löhnen hohe Profite versprach. Das im Jahre 1910 bereits 2 000 Beschäftigte zählende Großunternehmen hatte das Monopol auf dem Gebiet der Gas- und Glühlichtbeleuchtung. Bis 1909 entstanden in Fürstenwalde insgesamt 102 Industriebetriebe. Dabei waren neben der Firma Pintsch von überörtlicher Bedeutung die Kachelfabriken, Schuhfabriken, eine chemische Fabrik, mehrere Zigarrenfabriken, die Zweigbetriebe der Berliner Brauereien, Maschinen- und Werkzeugfabriken, eine Farbenfabrik sowie eine Stärke- und Zuckerfabrik. Diese Industrieanlagen, wie auch die entstehenden Wohnbauten, die Bodenspekulation, führten in Fürstenwalde und den Nachbargemeinden zu einer starken Zersiedlung des Ackerlandes, von Waldgebieten und brachliegenden Flächen. Die Folgen sind noch heute im ehemaligen Ketschendorf (Fürstenwalde-Süd) zu spüren und werden schrittweise überwunden.

Die zunehmende Industrialisierung machte weitere Maßnahmen zur Verbesserung der Verkehrsbedingungen erforderlich. Nach der Fertigstellung des Oder-Spree-Kanals im Jahre 1891 nahm der Verkehr auf der Spree stark zu. Das Anwachsen der Industrie in Berlin und die Verlegung von Zweigbetrieben in die kleineren randlichen Industriestädte führte zur Schaffung des Vorortverkehrs. 1902 erhielt Fürstenwalde mit der Vorortbahn nach Erkner Anschluß an das spätere Berliner Stadtbahnnetz. 1914 verkehrten auf dieser Strecke 13 Züge täglich. Seit dieser Zeit pendelten täglich Tausende Arbeiter zwischen Fürstenwalde sowie den Randgebieten Berlins und den Berliner Großbetrieben. Aber auch Fürstenwalde hatte Einpendler, nicht nur aus westlicher Richtung, sondern mit der Fertigstellung der Nebenbahn nach Beeskow und der Oderbruchbahn vor allem auch aus diesen Richtungen. Wegen des wachsenden Verkehrs in der Stadt und des starken Durchgangsverkehrs mußten 1913 eine stählerne Brücke über die Spree und eine zweite Schleuse gebaut werden.

Parallel zu dem wirtschaftlichen Aufschwung verlief auch die städtebauliche Entwicklung. Innerhalb von 39 Jahren verdoppelte sich die Zahl der Einwohner und Wohnungen (1878 10 335 Ew. bei 795 Wohnungen, 1917 20 671 Ew. bei 1600 Wohnungen).

Mit der Gründung der Fabrik von Pintsch dehnte sich die Stadt nach Norden über die Eisenbahnlinie aus. Ein neuer Wohnkomplex entstand östlich des Industriegeländes. War bis zu Beginn des 19. Jahrhunderts die Spree südliche Begrenzung der Stadt, so führte der Bau der Oder-Spree-Wasserstraße, mit dem auch beiderseits der Spree neue Fabriken entstanden, zu einer verstärkten Ausdehnung der Stadt nach Süden. Durch Eingemeindungen kam es schließlich noch zu einer erheblichen Erweiterung nach Osten.

Insgesamt vergrößerte sich bis zu Beginn des Ersten Weltkrieges die Siedlungsfläche Fürstenwaldes sehr stark. Die Stadt hatte sich flächenhaft in alle Richtungen ausgedehnt.

Die Stadterweiterung war auch mit einem Ausbau der kommunalen Einrichtungen verbunden. 1903/1904 erhielt die Stadt ein zentrales Wasserversorgungs- und ein Kanalisationsnetz. Straßenzüge wurden neu gepflastert und Gaslaternen entlang der Straßen aufgestellt. Neue Schulen wurden gebaut und das Hospital durch ein neues Krankenhaus ersetzt. Grünanlagen und eine Kastanienallee lockerten das Stadtzentrum auf. Das Rathaus und die Domkirche wurden restauriert.

Während des Ersten Weltkrieges wurden die Betriebe auf Rüstungsproduktion umgestellt. Der Maschinenbau hatte Hochkonjunktur. Die Firma Pintsch wurde zu einem Spezialbetrieb für die Ausrüstung von Kriegshäfen, die Herstellung von Seeminen sowie von Schiffs- und Flugzeugtorpedos.

Auch in den 20er Jahren schritt die ökonomische Entwicklung Fürstenwaldes voran. Die günstige Verkehrslage, die Nähe zu Berlin und genügend billiger Baugrund führten zur Gründung weiterer Betriebe: einer Schuhmaschinenfabrik, einer chemischen Fabrik. Die „Deutsche Kabelwerke AG Berlin" und die „Eisenwerke Tschirndorf" errichteten Zweigbetriebe in Ketschendorf (heute Fürstenwalde-Süd). Im Zuge der faschistischen Kriegsvorbereitungen wurden weitere Betriebe wie das Reifenwerk DEKA Pneumatik und die Treibriemenfabrik (ASUCO) für die Rüstungsproduktion auf- oder ausgebaut.

Im Zusammenhang mit der ökonomischen und siedlungsgeographischen Entwicklung mußte das Verkehrsnetz erweitert werden. Da ein großer Teil der Arbeitskräfte aus den umliegenden Orten kam, begann 1927 der Autobusverkehr auf den Strecken Fürstenwalde–Hangelsberg–Erkner, Fürstenwalde–Müncheberg und Fürstenwalde–Storkow. Um die Spree auch für Lastkähne größerer Tonnage schiffbar zu machen, wurde sie 1926 zwischen dem Kersdorfer See und Fürstenwalde verbreitert. Schließlich erhielt Fürstenwalde mit der Fertigstellung des Abschnittes Berlin–Frankfurt (Oder) 1937 Anschluß an die Autobahn.

Charakteristisch für die Entwicklung der Stadt war in dieser Zeit das Entstehen neuer Siedlungen, vor allem im Süden der Stadt. Zwischen den neuen ein- bis zweistöckigen Wohnhäusern lagen Bauernhöfe und Tagelöhnerkaten eingestreut, so daß die dörfliche Siedlungsstruktur hier im wesentlichen erhalten blieb.

Am Ende des Zweiten Weltkrieges war Fürstenwalde fast völlig zerstört. Ausgebrannt bzw. mehr oder weniger stark beschädigt waren 96 % aller Wohnungen, das Rathaus, die Domkirche, das Wasser- und Gaswerk, das Energienetz, Verkehrseinrichtungen, viele Betriebe, Schulen und öffentliche Gebäude.

Als erster Betrieb nahm bereits im Mai 1945 das Stahlgußwerk (heute die Kugelgraphiteisengießerei im VEB Kombinat Nutzfahrzeuge) die Arbeit wieder auf. Es hat sich zu einem wichtigen Zulieferbetrieb für die Fahrzeugindustrie, den Traktoren- und Landmaschinenbau entwickelt. Auch andere Produktionsstätten wurden rasch wiederaufgebaut und rekonstruiert sowie in der Folgezeit modernisiert, erweitert und z. T. neu profiliert. Neue Betriebe kamen hinzu, so daß Füstenwalde heute mit 35 Industriebetrieben bzw. Betriebsteilen einen bedeutenden Anteil an der Industrieproduktion des Bezirkes hat und wichtige Erzeugnisse für das In- und Ausland (über 50 Länder) herstellt. Mit ca. 4 500 Beschäftigten ist der Stammbetrieb des Reifenkombinates Fürstenwalde der größte Warenproduzent der Stadt. Er ist vor allem auf KOM- und LKW-Reifen sowie Reifen für Landmaschinen spezialisiert. 1986 erhielt das Kombinat in Fürstenwalde mit dem neuen Stahlkordwerk einen weiteren Betrieb, der die Herstellung hochwertiger schlauchloser LKW-Radial-Ganzstahlreifen und PKW-Radial-Stahlgürtelreifen auf der Grundlage einer eigenen Stahlkordfertigung ermöglicht.

Aus der ehemaligen Rüstungsfabrik Pintsch entwickelte sich der VEB Chemie- und Tankanlagenbau (Gaselan). Dieser Kombinatsbetrieb des Chemieanlagenbau-Kombinates Leipzig/Grimma ist mit 3 000 Beschäftigten der zweitgrößte Betrieb Fürstenwaldes. Er ist Hauptauftragnehmer für die Projektierung, Lieferung, Montage und Inbetriebnahme von Tankanlagen, Erdgasaufbereitungsanlagen sowie anderer Chemieanlagen und Alleinhersteller in der DDR von Haushalts- und Industriegaszählern sowie Gasdruckregel- und Gasdrucksicherungsgeräten. Seine Erzeugnisse werden zur Zeit in alle RGW-Staaten und sieben Länder des nichtsozialistischen Wirtschaftsgebietes exportiert.

Der VEB Lithopone beliefert die gesamte Inlandanstrichstoffindustrie mit Lithopone, einem Grundstoff zur Herstellung von Anstrichstoffen. Ein Drittel dieser Produktion geht in das nichtsozialistische Ausland. Darüber hinaus werden hier aber auch andere begehrte Anstrichstoffe wie Latex und Fassadenfarben für das In- und Ausland erzeugt. Auch die im VEB Kombinat Elektrogeräte Fürstenwalde mit dem Stammbetrieb Statron hergestellten Stromversorgungsgeräte und HiFi-Boxen finden große Anerkennung. Der VEB Filmverwertung, Betriebe der Holzindustrie, des Bauwesens sowie der Nahrungsmittelproduktion und ein moderner Großbetrieb des VEB Getreidewirtschaft prägen das ökonomische Profil der Stadt mit. So verfügt Fürstenwalde über eine moderne vielseitige Industrie. Darüber hinaus übernehmen zahlreiche Handels-, Handwerks- und Dienstleistungsbetriebe wichtige Versorgungsfunktionen für die Stadt und ihr Umland. Nicht unerwähnt darf bleiben, daß ca. 30 % des Stadtterritoriums noch landwirtschaftliche Nutzfläche sind und von drei landwirtschaftlichen Produktionsgenossenschaften bearbeitet werden. Schließlich wird Fürstenwalde auch noch zu einer Stadt des Bergbaus, wenn es in den nächsten Jahrzehnten zum Aufschluß eines Großtagebaus östlich der

Stadt kommt und damit der Abbau der hier erkundeten bedeutenden Braunkohlenvorräte in Angriff genommen wird. 1982 ist bereits der Einzugsbereich der Lagerstätte Fürstenwalde-Ost zum Bergbauschutzgebiet erklärt worden.

Fürstenwalde ist aber nicht nur ökonomisches, sondern auch politisch-administratives Zentrum des Kreises. Nachdem das bis dahin zum Kreis Beeskow-Storkow gehörende Ketschendorf 1950 als Ortsteil Fürstenwalde-Süd eingemeindet wurde, erhielt die Stadt mit der Neubildung der Bezirke und Kreise den Status Kreisstadt des heutigen Kreises Fürstenwalde im Bezirk Frankfurt (Oder) – vorher gehörte Fürstenwalde zum Kreis Lebus mit seiner Kreisstadt Seelow. Als damals noch größter Industriestandort des Bezirkes war Fürstenwalde zunächst der Investitionsschwerpunkt für den Wohnungsbau. Nachdem 1946 in der Stadt 1 700 Wohnungen behelfsmäßig repariert waren, entstanden in den folgenden Jahrzehnten große Neubaukomplexe in Fürstenwalde-Süd (Reifenwerksiedlung) und im Stadtteil Nord (u. a. das „Kosmonautenviertel") mit mehrgeschossigen Wohnblöcken, Einrichtungen des Bildungs- und Gesundheitswesens, Kaufhallen und Dienstleistungseinrichtungen, Sportstätten (z. B. die Spreeschwimmhalle) und den Kulturhäusern der beiden Großbetriebe. Das Netz der Trinkwasser- und Energieversorgung (Wohnungen für ca. 10 000 Bürger und zahlreiche andere Einrichtungen wie das Krankenhaus mit der neuen modernen Poliklinik u. a. erhalten z. B. in Fürstenwalde-Nord Fernwärme) sowie das Kanalisationsnetz wurden wesentlich erweitert.

Im gesamten Stadtgebiet verbesserten sich die Verkehrsbedingungen durch den Ausbau und die Modernisierung des Straßennetzes, den Wiederaufbau der Spreebrücke, die Umgestaltung des Busbahnhofs sowie die Einrichtung des KOM-Stadtlinienverkehrs.

In den nächsten Jahren wird sich die Bautätigkeit vor allem auf das Stadtzentrum konzentrieren. Zwar sind auch hier seit der Gründung der DDR neue Wohnblöcke gebaut, kriegsbeschädigte Häuser erneuert, das Rathaus und andere historisch wertvolle Gebäude restauriert worden, doch sollen nun mit der umfassenden Rekonstruktion im Stadtkern auch die letzten vom Zweiten Weltkrieg gerissenen Lücken geschlossen, ein neuer Marktplatz gestaltet und die zu errichtenden Neubauten harmonisch mit den sanierten alten Gebäuden verbunden werden. Damit erfahren das Stadtbild eine wesentliche Bereicherung sowie die Wohn- und Lebensbedingungen eine weitere Verbesserung. Letztere haben heute bereits ein hohes Niveau erreicht, nicht zuletzt auch auf Grund der mit dem gepflegten Stadtpark und seinem Heimattiergarten sowie dem Waldgebiet entlang der Spree gegebenen städtischen Naherholungsmöglichkeiten.

Exkursionsroute

Historischer Stadtkern: Überblick über die Stadtentwicklung an Hand von Karten, Modellen und Exponaten im Stadt- und Kreismuseum – ältestes Bürgerhaus in der Domstraße 1; restauriertes Rathaus (spätgotischer Backsteinbau 1511); im Wiederaufbau befindliche Domkirche (ab 1446 als dreischiffige spätgotische Backstein-Hallenkirche erbaut, 1766 abgebrannt und 1769–71 in veränderter Form wieder aufgebaut); Hinweis auf Rekonstruktion des Stadtkernes.

Ernst-Thälmann-Straße: Hauptverkehrs- und Geschäftsstraße, zusammen mit der Mühlenstraße und der August-Bebel-Straße in Fürstenwalde die Nord-Süd-Magistrale.

Bahnübergang mit Fußgängertunnel nahe Bahnhof Fürstenwalde an der stark befahrenen Hauptstrecke Berlin–Frankfurt (Oder)–Warschau.

Fürstenwalde-Nord: Straße der Befreiung; an der westlichen Seite Rat des Kreises, Kulturhaus und Industriegelände des VEB Chemie- und Tankanlagenbau, BMK Ost sowie zwei Polytechnische Oberschulen, an der östlichen Seite Wohnsiedlung mit Vorschuleinrichtungen, Kaufhallen und Haus der Dienste; am Ortsausgang von Fürstenwalde nach Trebus–Müncheberg Anstieg aus dem Urstromtal zur nördlichen Hochfläche; von dort nahe der Agraringenieurschule für Melioration und Pflanzenproduktion Blick auf die Stadt in südlicher Richtung; zurück bis zur Kreuzung und von dort nach rechts über die Hegelstraße (sie wurde mit einer Brücke über die Eisenbahn-Hauptstrecke zur Entlastung der Stadtmitte vom Durchgangsverkehr gebaut) zur Hangelsberger Chaussee in Richtung Stadtzentrum, vorbei am Stadtpark (1836 angelegt) mit Freilichtbühne und Heimattiergarten (seit 1975); gegenüber die „Weber-Häuser" (4 Doppelhäuser, die 1774 für sächsische Damastweber gebaut wurden; Hinweis auf große Bedeutung des Tuchmachergewerks in der Spätfeudalzeit).

Dr.-Wilhelm-Külz-Straße: Teil des im 19. Jahrhundert errichteten Beamten- und Rentierviertels; Ottomar-Geschke-Platz (nach einem in Fürstenwalde geborenen revolutionären Arbeiterführer und Widerstandskämpfer benannt, der hier die Sozialistische Arbeiterjugend ins Leben rief und 1957 als Stadtrat in Berlin starb).

Durch die Sembritzki-Straße zur Spree; von dort am Ufer flußaufwärts entlang bis zur Brücke oder durch die Altstadt und vorbei an der „Berliner Vorstadt" (um 1500 Ansiedlung von ärmeren Handwerkern, die nicht das Bürgerrecht besaßen, vor der Stadtmauer) zum mit alten Eichen bestandenen Goethe-Park: Hier ist auf einem kleinen randlichen Hang ein Stück Stadtmauer (zwischen 1350 und 1400 gebaut, ehemals 1500 m lang, 6–7 m hoch und 1,20–1,50 m stark) mit Bullenturm – einziger Wehrturm der einstigen Stadtbefestigung – erhalten. Die unweit davon gelegenen Überreste des Niederlagetores bezeugen die einstige Bedeutung Fürstenwaldes als Warenumschlagplatz. Bis hierher war der Transport auf dem

Wasserweg von Berlin her möglich (seit 1298 Schiffsverkehr). Spreebrücke (1961 wieder aufgebaut) mit Blick auf den VEB Spreemühlen, die Schleusenanlage und den Hafen: Durch den Bau der ersten Schleuse im Jahre 1588 wurde der Wasserweg östlich bis zum Kersdorfer See und durch den Bau des Friedrich-Wilhelm-Kanals 1662/67 bis zur Oder verlängert. 1891 Ausbau des heutigen Oder-Spree-Kanals sowie der Hafenanlagen; 1913 stählerne Brücke und zweite Schleuse.

Rauener Straße: Teil der sich seit Ende des 18. Jahrhunderts entwikkelnden und 1882 aus dem Kreis Beeskow-Storkow eingemeindeten „Spreevorstadt".

Am Ortsausgang in Richtung Rauen–Storkow steiler Anstieg aus dem Urstromtal zur Rauenschen Hochfläche; von hier, östlich der Rauener Chaussee, bei über 60 m NN Blick auf Fürstenwalde in nördlicher Richtung.

Lange Straße: Erich-Weinert-(Eigenheim-)Siedlung, Kleingartenanlagen und Neubaugebiet Paul-Frost-Ring.

Über die August-Bebel-Straße in die Bahnhofstraße, die zum Bahnhof Fürstenwalde-Süd führt.

Tränkeweg: Reifenkombinat – Stammbetrieb, Kulturhaus, moderne Betriebspoliklinik, Ingenieurschule für Plast- und Elasttechnologie mit Wohnheimen.

In der Nähe die Reifenwerksiedlung mit Vorschuleinrichtungen, einer Polytechnischen Oberschule, der Betriebsberufsschule mit Lehrlingswohnheim, Kaufhalle sowie das Pneumant-Sportforum.

10. Rauensche Berge und Bad Saarow

Im südlichen Teil des Jungmoränenlandes, dem Gebiet der Platten und Urstromtalungen, liegen die Rauenschen Berge als ein Teil der Beeskow-Storkower Hochfläche. Sie erheben sich südlich von Fürstenwalde über die aus der Talsandfläche des Berliner Urstromtales aufsteigende Grundmoränenlandschaft und erreichen in ihrem nördlichen Abschnitt eine Höhe von 148 m NN.

Morphologisch sind diese Höhen eine sehr unruhige Landschaft. Das Relief ist gekennzeichnet durch den raschen Wechsel mittel- bis steilhängiger Hügel, zahlreicher steilhängig eingeschnittener Trockentäler und unregelmäßig geformter abflußloser Kessel, die teils vermoort, teils mit Wasser gefüllt sind. Besonders der deutlich ausgeprägte Nordrand mit seinem steilen Abfall gegen Rauen ist durch Randzertalung stark gegliedert.

Entgegen älteren Vorstellungen kam M. HANNEMANN (1969) auf Grund von Geschiebeorientierungsmessungen im Fürstenwalder Gebiet zu der Annahme, daß die Entstehung der Rauenschen Berge sowie der sich östlich anschließenden Soldatenberge (110,8 m NN), Dubrowberge (149,5 m NN) und Lauseberge (125,4 m NN) auf glazigene Einwirkungen während mehrerer richtungsverschiedener saalekaltzeitlicher Gletschervorstöße zurückgeht. Neben den Ablagerungen der Saalekaltzeit (hauptsächlich Sande und Geschiebemergel) wurden dabei auch Bildungen des Jungtertiärs stark disloziert. In der Weichselkaltzeit stellten diese Stauchendmoränen ein Hindernis (Strompfeiler) für den Gletscher dar, so daß er sich in Loben teilte. Vom Inlandeis der Weichselkaltzeit wurden die Rauenschen Berge wahrscheinlich nur schwach überfahren und umgeformt. Es kam zu Abtragungen, aber auch zu Ablagerungen, insbesondere von glazifluvialen Sanden und Kiesen (kamesartigen Bildungen) sowie Geschieben.

Hier findet man mit den Rauenschen Steinen (dem großen und dem kleinen Markgrafenstein, wie sie Fontane nannte) die größten Geschiebe unseres Landes. An den nordischen Ursprung dieser aus porphyrartigen Biotit-Granit bestehenden erratischen Blöcke konnte Goethe nicht glauben und schrieb: „Mir mache man aber nicht weis, . . . , daß der Markgrafenstein bei Fürstenwalde weither gekommen sei; an Ort und Stelle sind sie liegengeblieben als Reste großer, in sich selbst zerfallener Felsmassen." Der „Große Stein", der ursprünglich einen Umfang von 29,5 m und eine Höhe von 8,5 m hatte, wurde 1827 auf Veranlassung FRIEDRICH WILHELMS III. gesprengt. Aus dem abgelösten 80 t schweren Block entstand u. a. die bekannte Granitschale (6,8 m Durchmesser und 7500 kg schwer), die heute vor dem Berliner Alten Museum steht. Nur das südliche Drittel des Riesensteines ist noch vorhanden.

Der „Kleine Stein" ist 5,7 m hoch (er steckt 2 m tief in der Erde). Sein Umfang mißt 21,8 m. An seinem unteren Teil findet sich von Norden nach rechts und links eine breite, flache Hohlkehle, die an der Südseite fehlt und auf die spätglaziale korrodierende Wirkung der Nordwestwinde schließen läßt.

Neben den sehr blockreichen saalekaltzeitlichen Ablagerungen kommen in den Rauenschen Bergen Sande, Schluff und Braunkohle aus dem Jungtertiär (Miozän und Pliozän) bis in Oberflächennähe. Sie sind durch den gewaltigen Druck des Inlandeises aufgepreßt und mit den pleistozänen Sedimenten zusammen verfaltet, teilweise überschoben und verschuppt worden. Im östlichen Teil, wo das Tertiär eine besonders große Verbreitung hat, setzte vor mehr als 100 Jahren ein relativ umfangreicher Bergbau ein. Von 1842 bis 1932 und kurzzeitig auch nach 1945 wurde die Kohle in drei ein bis vier Meter mächtigen Flözen im Tiefbau aus bis zu 60−75 m tiefen Stollen abgebaut. Die insgesamt etwa 90 Mann starke Belegschaft mehrerer kleinerer Gruben förderte 1910 ca. 50 000 t Kohle zutage. In Fürstenwalde und Umgebung fand sie als Kesselkohle und Hausbrand Verwendung. Der Lettenton wurde zur Ziegelfabrikation genutzt, während die mehr oder weniger glimmerreichen, nahezu reinen tertiären Quarzsande vor allem den Gießereien als Formsand dienten.

Auf Grund der teilweise sehr komplizierten Lagerungsverhältnisse wurde der Bergbau in den Rauenschen Bergen eingestellt.

Es bleibt die nicht unproblematische Aufgabe, einerseits die unverfüllten Stollen als Gefahrenquellen zu beseitigen, Böschungen zu sichern und andererseits aufgelassene Gruben als geologische Flächendenkmale zu erhalten.

Die Rauenschen Berge, Soldaten-, Dubrow- und Lauseberge mit der sich nach Süden anschließenden Hochfläche werden durch eine fast nordsüdlich verlaufende beiderseits von einer Talsandterrasse begleiteten Rinne unterbrochen, in der kleine vertorfte Toteissenken sowie der Petersdorfer und der Scharmützelsee liegen und die verschiedentlich mit Dünen besetzt ist. Die Entstehung dieser Rinne wird heute im Zusammenhang mit der Strompfeilerwirkung des saalekaltzeitlichen Stauchendmoränenrestes der Rauenschen Berge gesehen, in deren Folge sich der Gletscher der Weichselkaltzeit in Loben teilte. Als diese dann später wieder berührten, kam es verstärkt zu Zerrungen, Spaltenbildungen und erhöhtem

Schmelzwasserzufluß. So ist die Rinne höchstwahrscheinlich ein Ergebnis der Gletschererosion und der Schmelzwassertätigkeit, während die Möglichkeit einer tektonischen Entstehung auch auf Grund von Bohrungen weitgehend ausgeschlossen werden kann.

Nach Konservierung durch verschüttete Toteiskörper und deren Schmelzen füllten sich die tiefsten Hohlformen im Bereich der Rinne mit Wasser. Der so u. a. entstandene Scharmützelsee ist mit 13,8 km^2 Wasserfläche der größte Rinnensee des Bezirkes Frankfurt. Er ist 10,5 km lang, 1 bis 1,6 km breit und durch eine Kette von Seen und Verbindungskanälen über die Dahme mit der Spree und der Hauptstadt Berlin verbunden. Den Knick in seinem nördlichen Drittel führt man auf das Auftauen des Toteises in zwei Phasen zurück. Bei Wendisch-Rietz liegt mit 27,9 m die tiefste Stelle, während die Höhe des Wasserspiegels 38,2 m NN beträgt.

Der See hat große Bedeutung für die Erholung und den Wassersport. Jährlich werden hier Segel- und Motorbootregatten mit teilweise internationaler Beteiligung veranstaltet. In den zahlreichen Ferienheimen und auf den Campingplätzen am „Märkischen Meer", wie Fontane den Scharmützelsee taufte, erholt sich eine ständig zunehmende Zahl von Touristen aus dem In- und Ausland. 2500 Kinder werden jährlich in den zentralen Pionierlagern betreut. Daneben stehen ein neu erbautes, großzügig und modern angelegtes Jugenderholungszentrum in Wendisch-Rietz und eine rekonstruierte Jugendherberge in Bad Saarow-Pieskow zur Verfügung. Insgesamt nimmt das Erholungsgebiet am Scharmützelsee nahezu eine halbe Million Urlauber und Tagesbesucher im Jahr auf.

Durch die idealen Erholungsmöglichkeiten, die das Gebiet mit seinen Seen, ausgedehnten Wäldern und dem bewegten Relief das ganze Jahr über bietet, und die günstige territoriale Lage und verkehrstechnische Erschließung steigt die Zahl der Urlauber und Touristen ständig weiter an.

Größter Ort am Scharmützelsee ist mit 3700 Einwohnern Bad Saarow-Pieskow. Er ging Anfang unseres Jahrhunderts aus einer Villenkolonie hervor, die die Berliner Landbank AG errichten ließ, nachdem sie 1905 das Gut Saarow und ein Jahr später das Gut Pieskow aufgekauft hatte. Die neuen Häuser und Grundstücke wurden an Industrielle, Bankiers, reiche Geschäftsleute, Künstler und hohe Beamte aus Berlin verkauft. Bis 1909 waren in der Siedlung Straßen und Chausseen angelegt. Parkanlagen entstanden. Die im Park erbohrten Tiefbrunnen, ein Wasserturm und die Wasserleitung sicherten die Trinkwasserversorgung. Zugleich mit dem Wasserwerk entstand ein Elektrizitätswerk. Die zunächst eingerichtete Posthilfsstelle entwickelte sich bald zum Postamt, das 1925 ein modernes Gebäude bezog. Durch die Fertigstellung einer Landstraße nach Fürstenwalde im Jahre 1911 und einer Eisenbahnverbindung von dort über Saarow und Pieskow nach Beeskow 1912 erhielt die Siedlung Anschluß an das öffentliche Verkehrsnetz und wurde damit von immer mehr Berlinern als Ausflugs- und Erholungsgebiet entdeckt. Auch der Scharmützelsee wurde durch Dampfer und Boote belebt. Die Erweiterung des Fremdenverkehrs machte den Bau von Gaststätten, Hotels und Pensionen erforderlich. Mit der Entdeckung des Moores in den Wierichwiesen (1914) und der Chlor-Kalzium-Quelle (1927) entwickelte sich Saarow zu einem herrschaftlichen Luftkur-, Moor- und Seebadeort und erhielt 1923 den amtlichen Zusatz „Bad". 1932 wurde Bad Saarow mit Pieskow zu Bad Saarow-Pieskow vereinigt.

War die Gemeinde bis 1945 ein Eldorado für die Angehörigen der besitzenden Klassen und wohlhabenden Schichten, so ist sie heute ein beliebter Erholungsort der Werktätigen. Villen und Sommerhäuser wurden Volkseigentum und zu Betriebsferienobjekten oder FDGB-Heimen ausgebaut. Daneben entstanden zahlreiche neue Ferieneinrichtungen, Campingplätze, Bungalowsiedlungen. Ein großer Teil der Einwohner Bad Saarows und der Umgebung ist daher im Dienstleistungsbereich, so in den Heimen und Gaststätten, im Wirtschaftsbetrieb und den anderen Einrichtungen des Zweckverbandes Erholungswesen beschäftigt. Dieser Zweckverband mit Sitz in Bad Saarow wurde von mehreren Gemeinden und der Stadt Storkow gegründet, um durch konzentrierten Einsatz finanzieller und materieller Mittel und Kräfte, durch Koordinierung des geistig-kulturellen Lebens sowie durch gute Versorgung und Dienstleistungen die Bedingungen für die Erholung zu verbessern. Ihm obliegt die Bewirtschaftung der Campingplätze, Strandbäder, einer Bungalowsiedlung, die Organisation von Dienstleistungen, Fahrrad- und Bootsverleih, die Anlage von Wanderwegen und regelmäßige Kulturveranstaltungen sollen zur aktiven und kulturvollen Erholung beitragen. Hierfür stehen Sportanlagen, die Freilichtbühne, das Strandkino und Gedenkstätten, die an das Leben und Wirken bekannter Dichter wie MAXIM GORKI und JOHANNES R. BECHER in Bad Saarow erinnern, zur Verfügung.

Neben der Funktion als Bad der Werktätigen verleiht heute die Militärmedizinische Akademie der DDR Bad Saarow seine große Bedeutung.

Exkursionsroute

Bad Saarow – von der HOG „Pechhütte" (ältestes Haus von Saarow, ehemals einsames Försterhaus, das aus einer Pechhütte hervorgegangen war) gegenüber der Schwanenwiese, einst Umschlagplatz für die in den Rauenschen Bergen abgebaute Braunkohle, die hier in kleine, etwa 1000 dt fassende Holzkähne verladen wurde; heute Ausgangspunkt für Fahrten der Weißen Flotte – nordwestlich entlang der Kolpiner Straße in den Wald; nach der Kreuzung mit der Alten Petersdorfer Landstraße rechts in den Waldweg einbiegen, der in die Rauenschen Berge führt (Alte Rauener Landstraße).

Vorbei am Teufelssee (eines der größten Toteislöcher mit einem kleinen verlandenden Waldteich. Der Wasserspiegel sank 1902 plötzlich in einer Nacht 6 m unter den heutigen Pegel, als das Wasser in einen nahe vorbeiführenden alten Bergwerkstollen abfloß) durch ein Gebiet mit kasten- und muldenförmigen Trockentälern, von Toteishohlformen unterbrochen. Dem Naturlehrpfad zunächst in westlicher, dann in nördlicher Richtung folgend, vorbei an Senken und Trichtern durch eingebrochene Grubenstollen und Luftschächte in einem der früheren Hauptabbaugebiete der Braunkohle, bis zu den Rauenschen Steinen und dem Steinernen Tisch (mit 148 m höchster Punkt); von dort über den östlichen Abschnitt des Naturlehrpfades bis zur alten Straße Kolpin–Petersdorf in Richtung Petersdorf. Hier liegen am östlichen Abhang der Rauenschen Berge zur Scharmützelsee-Rinne die aufgelassenen Petersdorfer Formsandgruben, in deren Nähe heute nur noch pleistozäner Feinsand für die Mörtelproduktion in der PGH Betonkunst abgebaut wird.

Auf der Alten Petersdorfer Landstraße am Rande der Rinne zurück nach Bad Saarow. Das Moor in den Wierich-Wiesen, das Moorbad (sowjetisches Sanatorium) und die Sol-(Chlor-Kalzium-)Quelle– alles am Nordufer des Scharmützelsees – weisen auf die einstige Bedeutung als herrschaftlicher Luftkur-, Moor- und Seebadeort hin, aus dem das Bad der Werktätigen, Bad Saarow-Pieskow, hervorgegangen ist.

11. Glazialmorphologie und Landnutzung im Raum Storkow—Beeskow—Lieberose—Schlaubetal

Das Exkursionsgebiet bildet einen Ausschnitt aus dem seen- und hügelreichen Jungmoränengebiet im Bereich des Brandenburger Stadiums. Es wird im Norden vom Berliner Urstromtal, im Osten von Oder und Neiße, im Süden von der Sandplatte um Leuthen und dem Spreewald und im Westen vom Selchower See südlich von Storkow begrenzt.

Dem im allgemeinen nach Norden gerichteten Hauptgefälle folgt auch die Entwässerung. Die wichtigsten Flüsse sind Spree und Dahme mit vielen, aus kleineren Gewässern und Seen zusammengesetzten Flußarmen und Zuflüssen. Die Spree bildet die Hauptwasserader. Vom Spreewald her kommend, erreicht sie in genetisch unterschiedlichen Talstücken nördlich Beeskows das Berliner Urstromtal, dem sie bis zu ihrer Einmündung in die Havel folgt. Kanäle im Berliner Urstromtal und im Dahme-Seen-Gebiet gestatten einen Ausgleich der Wasserführung und -haltung zwischen den verschiedenen Flußsystemen.

Im östlichen Abschnitt des Exkursionsgebietes sind Ölse und Schlaube die bekanntesten Gerinne. Besonders das Schlaubetal ist eines der schönsten Bachtäler Brandenburgs, ein oft aufgesuchtes Exkursions- und Studiengebiet. Das weite Talgebiet entwickelt sich heute zu einem Naherholungsgebiet für Frankfurt (Oder) und Eisenhüttenstadt, für Wilhelm-Pieck-Stadt Guben und Fürstenwalde.

Das Exkursionsgebiet gehört zum brandenburgischen Gürtel, ist Teil des Jungmoränengebietes, das die Hauptzüge seiner Oberflächengestalt einerseits beim Vorstoß des weichselkaltzeitlichen Inlandeises bis zur Brandenburger Eisrandlage, andererseits während der nachfolgenden Abschmelzprozesse des Inlandeises erhielt. Es gehört zur Zone der Platten und Urstromtalungen; gekennzeichnet durch Plattenreihen, die durch Urstromtalungen (z.B. Berliner Urstromtal) zonal gegliedert sind, ferner durch zwischen den Platten hindurchgreifende Querverbindungen, die die Urstromtalungen miteinander verknüpfen.

Während der Saalkaltzeit wurden die bis dahin bestehenden Oberflächenformen völlig umgestaltet. Am Ende der Saalkaltzeit wies das Relief

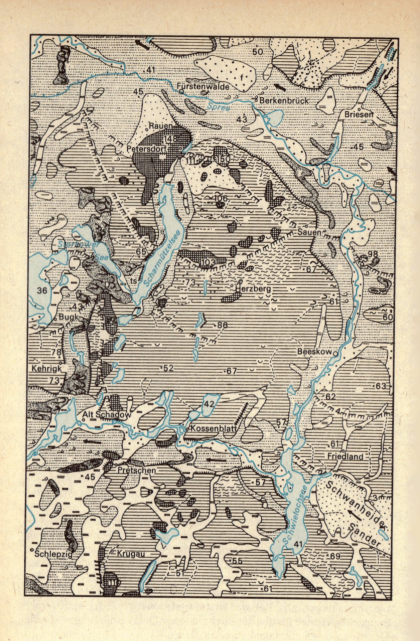

Fürstenwalde
50
f
41
45
Spree
Berkenbrück
Briesen
43
45
Rauen
14
50
Petersdorf
11
106
Sauen
Storkower
See
65
Scharmützelsee
98
103
ts
67
36
73
Herzberg
43
86
61
Bugk
60
78
Beeskow
Kehrigk
52
67
63
73
62
Alt Schadow
42
4
57
Kossenblatt
61
Pretschen
Friedland
45
3
57
Schwanheider
Schwielochsee
Sander
41
69
Schlepzig
Krugau
55
51
61

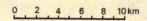

0   2   4   6   8   10 km

Formen und Ablagerungen

1. Pleistozäne Oberflächenformen, entstanden durch die Wirkung des Inlandeises

⊟ Grundmoräne, eben bis flach

⊠ Grundmoräne, wellig

⊡ Grundmoräne, stärker mit Kesseln, Senken, geschlossenen Hohlformen durchsetzt

〰 Grundmoräne, wellig; übersandet

▓ Stauchmoräne

ｈ ｍ Haupteisrandlage

ｍ ｍ Zwischenstaffel

2. Pleistozäne Oberflächenformen, entstanden durch die Wirkung der Schmelzwasser

▣ Sanderfläche, Sandkegel

⬚ Talsandebene

⫶ Ehemalige Abflußrichtung (verschiedene Größe)

⬚ Stufe (Steilhang allgemein, Terrassenkante, fluviatiler Unterschneidungsrand usw.)

3. Andere Pleistozäne Oberflächenformen

⌄ Größere Kessel, Senken und geschlossene Hohlformen unterschiedlicher Entstehung

4. Unter dem Einfluß periglazialen Klimas entstandene Oberflächenformen

⌐ Trockental

5. Spät- und postglaziale Oberflächenformen, entstanden durch die Wirkung des Windes

⌐ Einzelne Dünen

▣ Dünenfelder mit kleinen oder unregelmäßigen Dünen: Flugsandflächen

▣ Dünenfelder mit großen, regelmäßigen Dünen

6. Holozäne Oberflächenformen, entstanden durch die Wirkung fließenden oder stehenden Wassers

Talauen, Talniederungen, Flußauen

▣ mit sandigen und kiesigen Bildungen

mit humosen Bildungen:

⬚ t Torf

⬚ m Moorerde, Moormergel

⬚ Stufe (s. o.)

Allgemeine Angaben

⬚ Seen (z. T. mit Angabe der Spiegelhöhe)

× 39 Höhenangabe

Abbildung 12
Geomorphologische Übersichtskarte der Beeskow-Storkower Hochfläche

in seinen Grundzügen bereits beachtliche Gemeinsamkeiten mit der heutigen Gestaltung auf; dazu gehörten z. B. das Berliner Urstromtal als saalezeitlich entstandene Depression, verschiedene Hochflächen und Höhenzüge als ebenfalls saalezeitlich gebildete Stauch- und Akkumulationskomplexe (die Beeskower Platte mit Rauenschen Bergen und Pfaffendorfer Höhen; Lieberoser Hochfläche mit Fünfeichener Höhen). Der in diesem Raum im Vergleich zu Gletschern älterer Vereisungen weniger aktive und somit geomorphologisch weniger wirksame Gletscher der Weichselkaltzeit war nicht in der Lage, diese bereits bestehenden Höhenkomplexe und Depressionen zu zerstören; er überformte sie nur.

Hochgebiete (weichselkaltzeitlich überfahrener saalekaltzeitlicher Stauchmoränenrest)

Grundmoränenflächen (weichselkaltzeitlich) mit vereinzelten Aufragungen des saalekaltzeitlichen Untergrundes

Sander (mehrere Stufen), weichselkaltzeitlich

Offene Kerbtäler und Runsen (z. T. periglaziär)

Holozäne Niederterrasse (Oder- und Neißeaue)

Talsandterrassen 1 und 2; Oder-Randow-System

Urstromtalsystem

Talsandterrasse 3 (Berliner Urstromtal)

Talsandterrassen 3 und 4 (z. T. weichselkaltzeitlich-periglaziäre Schwemmkegel)

Bewegungssinn des weichselkaltzeitlichen Gletschers nach Geschiebeeinregelungsmessungen

Große periglaziäre Trockentäler: A Rießener Tal, B Pohlitzer Tal, C Diehloer Tal, D Lawitzer Tal, E Möbiskruger Tal, F Neuzeller Tal, G Wellmitzer Tal, H Coschener Tal

Periglaziäre Schwemmkegel

Talsandschüttungsrichtungen

Staatsgrenze im Wasserlauf

0 1 2 3 4 5 km

Die Höhenkomplexe führten zu Teilungen des vordringenden Weichseleises in Gletscherloben und wurden damit als Strompfeiler wirksam. Nach anfänglicher Umfließung dieser Höhen erfolgte dann die Gesamtbedekkung des Gebietes durch das aktive Eis. Südlich bzw. im Bereich dieses Exkursionsgebietes liegen

– die Brandenburger Eisrandlage als südlichste Markierungslinie des weichselzeitlichen Inlandeises mit dem zugehörigen Baruther Urstromtal;

– die Saarmund-Reicherskreuzer Eisrandlage: Aus einem Gletschertor am Südende der Schlauberinne erfolgte die Schüttung des Reicherskreuzer Sanders. Die Schmelzwässer wurden weiterhin nach Süden dem Baruther Urstromtal zugeführt;

– die Babelsberg-Friedländer Eisrandlage, deren Schmelzwässer dem „Potsdamer Urstromtal" zugeführt wurden (Spreewald–Lübben–Saalow–Christinendorf–Potsdam);

– kürzeres Eishalten und somit formenmäßig weniger deutlich ausgeprägte Randlagen wie die Storkower Staffel (mit dem Müllroser Sander) und die Erkner-Staffel, zu der auch die Müggelberge gehören. Markierungen beider Randlagen finden sich im Bereich der Rauener, Pfaffendorfer und Fünfeichener Höhenkomplexe.

Auch der Eishalt der nachfolgenden, nördlicher gelegenen Frankfurter Randlage beeinflußte das Exkursionsgebiet. Die Schmelzwässer wurden jetzt dem Berliner Urstromtal zugeführt, in dem auch die Wasser der weiter von Osten her kommenden periglaziären Oder abgeführt wurden.

Wenn auch formen- und entstehungsmäßig verwandt, lassen sich dennoch im Exkursionsgebiet drei größere Landschaftseinheiten mit jeweils besonderen Problemen unterscheiden: die Saarower Hügel, die Beeskower Platte und die Lieberoser Hochfläche.

Bei den *Saarower Hügeln* handelt es sich vor allem um Stauchmoränen. Zahlreiche periglaziäre Trockentäler und auch wasserführende, teilweise subglazial angelegte Talrinnen, dazu mehrere flache Talniederungen schaffen eine starke Gliederung. Eine größere Zahl meist abflußloser Kessel und Eintiefungen, die teils vermoort sind, teils noch kleine Seen enthalten, sind kennzeichnend für dieses Gebiet.

Die Stauchmoränen des weiteren Saarower Gebiets gehören den letzten Stillstandsphasen des Brandenburger Stadiums an.

Der Kern dieser Höhen und auch der Untergrund der benachbarten Flächen wird von mächtigen, hoch aufragenden Ablagerungen des Tertiärs (Miozän) gebildet, die durch Eisdruck mit pleistozänen Ablagerungen zusammen verfaltet, gestaucht, teilweise überschoben und verschuppt sind. Südlich der Stauchmoränenhöhen dehnt sich eine schwach geneigte,

Abbildung 13
Geomorphologische Übersichtskarte der Lieberoser Hochfläche

111

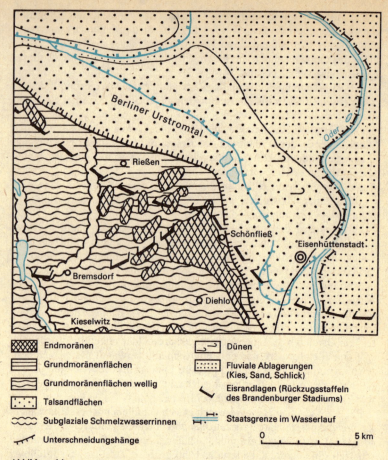

Abbildung 14
Randlagen und Talsandterrassen westlich von Eisenhüttenstadt

Legende:
- Endmoränen
- Grundmoränenflächen
- Grundmoränenflächen wellig
- Talsandflächen
- Subglaziale Schmelzwasserrinnen
- Unterschneidungshänge
- Dünen
- Fluviale Ablagerungen (Kies, Sand, Schlick)
- Eisrandlagen (Rückzugsstaffeln des Brandenburger Stadiums)
- Staatsgrenze im Wasserlauf

0 _____ 5 km

leicht wellige Ebene aus, die wechselnd mächtig mit Sanden überschüttet ist und schließlich in sandige oder auch übersandete Geschiebelehme übergeht.

Die Moränenhöhen gruppieren sich um die Rinne des Scharmützelsees, die beiderseits von einer Talsandterrasse begleitet wird, in der kleine vertorfte Toteissenken liegen und die verschiedentlich mit Dünen besetzt ist. Die Rinne des Scharmützelsees vereinigt sich mit der des Großen Storkower Sees. Beide sind Teile eines vom Baruther bis zum Berliner Urstromtal verfolgbaren größeren Rinnensystems.

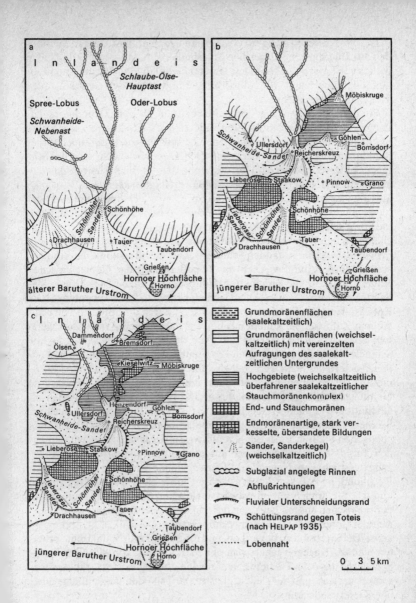

Abbildung 15
Entwicklung der Oberflächenformen auf dem Ostteil der Lieberoser Hochfläche

Der Storkower See liegt in einer großen Talsandfläche, deren Sandboden zur Bildung von zahlreichen Flugsandhügeln Anlaß gab. Die Dünen östlich von Storkow gehören mit 32 m relativer Höhe zu den höchsten Binnendünen überhaupt. Ihr Nährgebiet ist in der westlich anschließenden Talsandfläche zu suchen.

Für die *Beeskower Platte* sind weite, meist flachwellige Grundmoränenflächen, denen nur im Nordwesten und westlich des Schwielochsees kleine Stauchmoränenkuppen verschiedener Zerfallsphasen des Brandenburger Stadiums aufgesetzt sind, charakteristisch. Der Schwielochsee ist das Mittelstück eines zwischen dem Baruther und dem Berliner Urstromtal gelegenen Rinnen- und Seensystems. In ihm vereinigen sich zwei rechtwinklig aufeinander stehende Teilstücke des Spreetales: der Beeskower und der Kossenblatter Abschnitt. In deren ebene Talsandbedeckungen hat sich die Spree mit zahlreichen Windungen eingeschnitten. Eine breite und flache, mit Sanden und Kiesen bedeckte Talung erreicht von Osten her den Schwielochsee; in ihr fanden Schmelzwässer des Schlaube-Ölse-Rinnensystems ihren Abflußweg, als das Inlandeis noch das Gebiet zwischen Rauen, Beeskow und Eisenhüttenstadt bedeckte. In diesen Schwanheide-Sander sind verschiedene, subglazial eingetiefte Rinnen eingesenkt. Die Entwässerung der Beeskower Platte erfolgt durch die Spree und ihre nur kleinen Zuflüsse. Sie kommt aus der von zahlreichen Armen durchsetzten, etwa acht Kilometer breiten Aue des Unterspreewaldes, der die Schmelzwässer des zerfallenden Brandenburger Stadiums zusammen mit den Wassern der Mittelgebirgsflüsse durch einen breiten Paß der Stauchmoräne des Brandenburger Stadiums hindurchführte. Dieser Paß wurde bis auf geringe Reste (Neuendorfer und Köthener See) mit Talsanden zugeschüttet. Vor dem Hindernis der Beeskower Platte wandte sich der Schmelzwasserstrom nach Westen und schuf einen fast halbkreisförmig gebogenen Steilrand. Als der Schmelzwasserstrom versiegte, wurden aus den Talsanden mächtige Dünen aufgeweht. Sie versperrten den Durchgang westlich von Neuendorf (Dünengelände nördlich von Märkisch Buchholz), so daß sich die Wasser der Spree einen neuen Weg suchen mußten. Sie fanden ihn im ostwärts gelegenen Schmelzwassertal und in der inzwischen ausgeschmolzenen Beeskower Seenrinne. Der große Umweg der Spree bedingt ihr schwaches Gefälle. Deshalb ist im Spreewald keine Tiefenerosion zu bemerken, und die Sumpflandschaft konnte erhalten bleiben. Dagegen senkte sich nur 5 km westlich von Märkisch Buchholz durch das etwa 7 m tiefe Einschneiden der Dahme der Grundwasserspiegel stark ab, und der gleiche pleistozäne Talboden trägt nur eine dürftige Kiefernbedeckung.

Die *Lieberoser Hochfläche* ist morphologisch stark gegliedert, und es lassen sich deutlich unterscheiden: im Norden und Nordosten das Grund- und Endmoränengebiet von Fünfeichen. Seine höchsten Erhebungen sind der Hutberg zwischen Fünfeichen und Kobbeln (162 m) und die Eichberge bei Treppeln (155 m). Kennzeichnend ist eine vielgliedrige, vorwiegend Nord-Süd gerichtete Zertalung, wozu auch das Schlaube-Ölse-Rinnensystem gehört. Im Westen und Süden ist ein flachwelliges bis ebenes Relief mit Höhenlagen zwischen 50 und 70 m und einer wesentlich geringeren Zertalung. Nur im äußersten Süden verläuft der teilweise in parallele Rücken gegliederte, oft unterbrochene Stauchmoränenzug der südlichsten Randlage des Brandenburger Stadiums. Nord- und Südabschnitt der Lieberoser Hochfläche werden durch eine Zone von Sanderschüttungen deutlich voneinander getrennt (Reicherskreuzer Sander, Schwanheide-Sander u. a.).

Am Gesteinsaufbau der Oberfläche sind fast ausschließlich quartäre Sedimente beteiligt, die im Höhengebiet von Fünfeichen intensiv gestaucht sind. Ein besonders lebhaftes Relief mit intensiven Schichtenstörungen ist bei Schlaubehammer und bei Brieskow-Finkenheerd vorhanden. Allgemein standen die Höhengebiete am linken Oder- und Neißeufer unter starkem Gletscherdruck, der sich kilometerweit nach Westen auswirkte.

Große Teile der Lieberoser Hochfläche sind arm an fließenden Gewässern. Bis auf das Rinnen- und Seensystem von Schlaube und Ölse sind nur kleinere Rinnen vorhanden, so z. B. bei Göhlen, westlich von Grano und westlich von Staaken. Nahe Neiße und Oder verläuft auch die Hauptwasserscheide zwischen Nord- und Ostsee.

Der weichselkaltzeitliche Gletscher mußte sich auf das Höhengebiet von Fünfeichen aufschieben und wurde hierbei in seiner weiteren Bewegung beeinflußt. Die Höhen wirkten als Strompfeiler und wurden anfangs von zwei Gletschern umflossen, bevor sich beide in einem späteren Stadium der Entwicklung berührten und eine geschlossene Eisbedeckung herbeiführten. Die Vereinigung beider Gletscherloben erfolgte etwa auf der Linie des jetzigen Schlaubetales.

Die äußerste Randlage (Brandenburger Stadium) bildet der Lieberoser Endmoränenbogen zwischen Krausnick, Biebersdorf, Straupitz und Lieberose. Das subglaziale Schlaubesystem endete zu dieser Zeit bei Schönhöhe. Die hier austretenden Schmelzwasser schütteten den Schönhöher Sander auf.

Eine Zwischenstaffel läßt sich auf der Linie Friedland, Ullersdorf, Reicherskreuz, Möbiskruge, von hier in Richtung Guben abbiegend, verfolgen. Damals erfolgte die Schüttung des Reicherskreuzer Sanders.

Längs der Linie Grunow–Ölsen–Dammendorf–Bremsdorf–Schönfließ wird eine weitere Zwischenstaffel angedeutet (Hutberg, 162 m, Fuchsberge, 152 m, bei Fünfeichen). Moränenhöhen zwischen Fünfeichen, Rießen, Pohlitz und Schönfließ (Eisenhüttenstadt-West), 100 bis 130 m hoch, werden teils dieser, teils der folgenden Stillstandlage zuzuordnen sein. Subglaziale Schlaube und Ölse endeten getrennt am Eisrand und schütteten schmale Sander nach Süden. Es erfolgte ein Umbiegen von Teilen der Schmelzwasser bei Reicherskreuz nach Westen zum Schwielochsee.

Eine letzte Stillstandslage ist in der Nähe des nördlichen Hochflächenrandes durch den kleinen Endmoränenrest östlich von Müllrose und den Stauchmoränenkomplex um Fünfeichen—Eisenhüttenstadt-West—Diehlo angedeutet. Sie quert bei Eisenhüttenstadt die Oder. Die Schlauberinne blieb auch weiterhin Abflußweg für Schmelzwässer; das zugehörige Gletschertor lag am Südende des Großen Müllroser Sees. Es kam zur Bildung des Müllroser Sanders.

Im Bereich des *Rinnen- und Seensystems* von Schlaube und Ölse erstreckt sich die subglazial angelegte Schlauberinne vom großen Sandergebiet zwischen Reicherskreuz und Henzendorf südlich des Wirchensees bis zum Großen Müllroser See. Der weitere Verlauf der Schlaube ist im Oder-Spree-Kanal aufgegangen. Die im Verlauf des Schlaubetals lokal wechselnden Gefällsverhältnisse und die zahlreichen abflußlosen Senken lassen sich durch nachträgliches Tieftauen von Toteis sowie durch periglaziale Zertalung und damit verbundene lokale Talverschüttungen infolge Schwemmkegelbildung erklären. Das Demnitz-Ölse-Tal entstand in gleicher Weise durch subglaziale Entwässerung.

Der Schlaubelauf läßt sich in fünf Abschnitte gliedern:

1. Quellgebiet der Schlaube. Morphologisch interessant sind der durch Streitberge (142 m) und Wirchenberge (130 m) vertretene Moränenrand, die Wirchenwiesen und der Wirchensee, der durch eine Halbinsel in zwei Becken gegliedert wird.

2. Wirchensee bis Bremsdorfer Mühle. Dieser Abschnitt ist ein Wiesental mit kleinen Wasserflächen und Erlenbruch-Vorkommen. Durch das Einschneiden der Schlaube in einst vorhandene Schwellen entstanden bemerkenswerte Durchbruchschluchten. Bis zur Kieselwitzer Mühle ist der Schlaubelauf verschiedentlich begradigt und reguliert worden. Die Randhänge sind durch Erosionsrinnen zerklüftet, die z. T. bis weit in die Hochfläche hineinreichen. Das obere Talgebiet ist reich an Quellaustritten.

3. Bremsdorfer Mühle bis Kupferhammer. Dieser seenreiche Mittelabschnitt des Schlaubetals ist das Kernstück des Tales. Am Großen Treppelsee befinden sich zwei durch ihren Artenbestand interessante Waldflächen: am Südufer der „Himmel" mit einem lichtdurchfluteten Buchenbestand; am Südwest-Ufer die durch dichten Unterwuchs gekennzeichnete „Hölle". Zwischen Kleinem Schinkensee und Hammersee liegt der „Park Siehdichum". Hier bietet sich auf einer 27 ha großen Fläche in Bodengüte und Pflanzenbewuchs ein Querschnitt durch die märkische Landschaft an. Westlich von Kupferhammer liegt in einem ehemaligen Paralleltal zur Schlaube einer der schönsten märkischen Waldseen, der etwa 2,5 km lange, rinnenförmige Schervenzsee.

4. Schlaube-Wiesenlandschaft bis zum Großen Müllroser See. Das nur noch flach nach Norden geneigte Tal führt durch Sumpflandschaften und Erlenbusch-Gebiete.

5. Nach Austritt aus dem Großen Müllroser See wendet sich die heute im Oder-Spree-Kanal aufgegangene Schlaube nach Osten. Sie fließt zum

größten Teil im Bereich der Hauptterrasse des Berliner Urstromtales und mündet nach 12 km bei Brieskow-Finkenheerd in den Brieskower See, einen alten Oderarm.

Eines der größten Buchenvorkommen in Ostbrandenburg befindet sich im Schlaubetal, insbesondere auf den absonnigen Hängen zwischen Wirchensee und Schernsdorfer Mühle. Die schönsten Bestände können zwischen Bremsdorfer Mühle und Siehdichum beobachtet werden. Auf südexponierten Hängen tritt gelegentlich wärmeliebender Traubeneichenmischwald auf. In der Talniederung finden sich überall Niedermoorflächen mit Erlenbeständen. Einige kleinere Verlandungsflächen bilden Hochmoore. Neben einer oft üppigen Strauchschicht ist eine artenreiche Bodenschicht vorhanden.

Exkursionsrouten

Route 1

Von Frankfurt (Oder) über Lossow, Brieskow-Finkenheerd, Wiesenau und Ziltendorf nach Eisenhüttenstadt und von dort weitere Fortsetzung in drei Varianten: anfangs Fahrt auf welliger Grundmoräne der Lebus-Platte mit Aussicht in das Frankfurter Odertal; alte Braunkohlentagebaue bei Brieskow-Finkenheerd, teilweise zu einem Naherholungsgebiet für Frankfurt (Oder) umgestaltet (besonders der Helenesee).

Helenesee
Über 50 Jahre Förderung von Braunkohle für das Kraftwerk Brieskow-Finkenheerd in den Gruben Helene, Katja und Wilhelm; 1959 Einstellung des Kohleabbaus; Braunkohle kommt jetzt aus Cottbuser Revier; ehemaliges Gebiet der Tagebaue zu einem Erholungszentrum ausgebaut, das heute zum Stadtgebiet von Frankfurt gehört; aus dem Tagebaurestloch der Grube Helene entstand ein 250 ha großer See, bis zu 80 m tief; Wanderungen von hier nach Müllrose bzw. zum Schlaubehammer empfehlenswert.

Kraftwerk Finkenheerd; Brieskower Kanal; zwischen Brieskow und Eisenhüttenstadt Oderniederung mit Ackerbau, Dauergrünland und Verlandungsgesellschaften; Straße selbst auf der Talsandfläche des Berliner Urstromtales; Kraftwerk Vogelsang; eventuell Abstecher zu den beiden Abstiegen des Oder-Spree-Kanals zum Oderspiegel südlich von Eisenhüttenstadt (vgl. Exkursion 12). Empfehlenswerte Abstecher in 3 Varianten.

Variante 1: Weiterfahrt nach Neuzelle.

Neuzelle
Am Übergang vom Odertal zur Lieberoser Hochfläche, nahe dem Zusammenfluß von Neiße und Oder, bestand im 9. Jahrhundert eine slawische

Wenzelsburg. Im Zuge der deutschen Ostexpansion wurde das Kloster Neuzelle 1268 gegründet, erbaut von Mönchen aus dem Zisterzienserkloster Altzella bei Nossen. Große Ländereien in der damals sächsischen Niederlausitz gehörten zum Besitz des Neuzeller Klosterstifts, 1429 durch Hussiten zerstört. Die Klosterkirche wurde nach 1434 wieder aufgebaut; 1654/58 und um 1730/41 erfolgten barocke Umbauten von Kirche und Klostergebäuden. 1817 wurde sächsisches Kloster vom preußischen Staat aufgelöst; Einrichtung eines Lehrerseminars; seit 1953 Institut für Lehrerbildung; 1986 nach Frankfurt (Oder) verlegt.

Variante 2:

Weiterfahrt auf der Straße Diehlo, Möbiskruge, Kobbeln, Treppeln zum Wirchensee (Steilabfall der Fünfeichener Hochfläche zur Oderniederung mit ausgeprägten periglazialen Trockentälern; Blick von der Diehloer Höhe auf Eisenhüttenstadt, Oder-Spree-Kanal, Oderaue und Talsandfläche des Berliner Urstromtales; weiter über Grund- und Stauchmoränen mit Trockentälern und geschlossenen Hohlformen); Wanderung um den Wirchensee (Quellgebiet der Schlaube), zum Streitberg und den Wirchenbergen; durch das untere Schlaubetal vom Wirchensee zur Bremsdorfer Mühle; Wiesental mit Sumpf- und Verlandungsgesellschaften; Schlaubezuflüsse (Klautzke-Fließ u. a.); Quellaustritte; Abstecher zum Zinkensee (Hochmoor-Verlandungsstreifen); Kieselwitzer Mühle (Fischbrut- und Fischzuchtanstalt).

Ursprünglich wurden mit der Wasserkraft der Schlaube zahlreiche Mühlen angetrieben, die von den Bauern der Höhendörfer aufgesucht wurden. Dazu gehörten: die Schlaubemühle (Mahlmühle), dicht unterhalb eine Sägemühle (wüst), die Kieselwitzer Mühle (Mahlmühle), die Bremsdorfer Mühle (Mahl- und Sägemühle), die Mittelmühle (Schernsdorfer Mühle; Mahlmühle), die Ragower Mühle (Mahl- und Schneidemühle) und die ehemalige Müllroser Wassermühle (Mahlmühle).

Bis auf die modern ausgebaute Müllroser Mühle sind die anderen Mühlen nicht mehr in Betrieb. Falls auf diese Wanderung verzichtet wird, Weiterfahrt vom Wirchensee auf der parallel zur Schlaube verlaufenden Straße bis zur Bremsdorfer Mühle oder Weiterfahrt über Groß Muckrow nach Chossewitz, von hier aus Fußwanderung durch das Ölsetal bis Ölsen bzw. Dammendorf, dann wieder Anschluß zur Bremsdorfer Mühle.

Variante 3:

Von Eisenhüttenstadt über Fünfeichen und Bremsdorf zur Bremsdorfer Mühle, Wanderung durch das mittlere Schlaubetal zum Kupferhammer; zahlreiche Seen; Abstecher zum Schervenzsee: interessante Baumbestände und Verlandungsgesellschaften; am Kupferhammer kleines Kraftwerk, das Kupferhammer, Siehdichum und Schernsdorf mit elektrischem Strom versorgt; Kupferhammer: von 1553 bis 1734 aus Kupferbarren Kupferbleche geschmiedet; zeitweilig Eisenhammer, im 19. Jahrhundert

Tuchmanufaktur; heute Försterei und Gastwirtschaft; Weiterfahrt über Mixdorf nach Müllrose.

Müllrose

Das im Osten der Lieberoser Hochfläche gelegene, über 20 km lange Rinnen- und Seensystem der Schlaube, das mit dem Großen Müllroser See das Berliner Urstromtal erreicht, entwässert nicht zur Spree, sondern zur Oder. Alter Schlaubelauf ist ab Müllrose in den Oder-Spree-Kanal bzw. in den Brieskowkanal einbezogen. – Um 1260 gegründet; 1275 Molrasen; civitas, später nur oppidum genannt; 1801 1086, 1850 1980, 1910 2448, 1939 2693, 1969 3214 und 1986 3222 Einwohner.

Ursprünglich Landwirtschaft; 1787 Gründung einer Baumwollmanufaktur; 1816 drei Schiffbaubetriebe; 1830 Täschnerwarenfabrik; seit 1865 Dampfsägewerke; Müllroser Wassermühle 1865 zum modernen Mühlenbetrieb ausgebaut; 1662/68 Bau des Müllroser Kanals zwischen Spree und Oder; 1816 35 Schiffseigner; vor dem Zweiten Weltkrieg noch Holzflößerei nach Berlin; 1856 erste Kunststraße Frankfurt (Oder)–Berlin; 1876 Eisenbahnverbindung Frankfurt (Oder)–Cottbus; Bau eines Hafens. Die gegenwärtige Wirtschaftsstruktur wird durch Industrie (u. a. VEB Mühlenwerke, VEB Schiffsreparaturwerk, VEB Kofferfabrik) und Handwerk, durch Landwirtschaft und Fremdenverkehr bestimmt. Rückfahrt erfolgt über Hohenwalde und Markendorf nach Frankfurt (Oder).

Route 2

schließt bei Dammendorf bzw. Grunow an die Route 1 an, hat den Schwielochsee und seine nähere Umgebung zum Ziel und führt zunächst einmal nach Beeskow.

Beeskow

Zwischen Scharmützelsee und Beeskow liegt landwirtschaftlich genutzte Grundmoränenlandschaft der Beeskower Platte. Die Spree hat dieses Gebiet am Ende der Weichselkaltzeit durchbrochen und sich eine Laufstrecke vom Schwielochsee zum Berliner Urstromtal geschaffen. An ihrer schmalsten Stelle wurde im 13. Jahrhundert Beeskow gegründet. Als „civitas Besicov" (1872 erwähnt) besaß sie große Bedeutung an der wichtigen Handelsstraße Leipzig–Frankfurt (Oder), die hier die Spree überquerte. Der Bischof von Lebus erbaute 1519/24 an der Spree das Schloß Beeskow. Mittelalterliche Stadtmauern sind großenteils noch erhalten, obgleich 1945 der Stadtkern fast völlig zerstört wurde. Beeskow ist Kreisstadt eines Agrarkreises, heute sein wirtschaftliches und kulturelles Zentrum; auch Touristenort und Einkaufszentrum für Urlauber aus Erholungsgebieten am Schwielochsee und im Schlaubetal. Günstige Verkehrslage; 1801 2278, 1853 3890, 1910 4920, 1939 5856, 1969 7523 und 1986 8835 Einwohner.

Ursprünglich ohne Ackerbesitz; Fischerei, Weinbau, Bierbrauerei und Branntweinherstellung; Handwerk; im 19. Jahrhundert geringe Industrialisierung: Tuchfabrik (1850), Stärkefabrik (1883); schon frühzeitig Talschiffahrt auf der Spree; 1661 bei Beeskow erbaute Schleuse ermöglichte Nutzung des Wasserlaufes zur wirtschaftlichen Erschließung des Agrarlandes, vor allem für den Holz- und Getreidetransport nach Berlin und Potsdam; 1853 erste Kunststraße Berlin–Fürstenwalde–Beeskow; 1898 erste Eisenbahnverbindung Königs Wusterhausen–Grunow; heute Lebensmittel- und Maschinenbauindustrie, Handwerk, Landwirtschaft und Fischerei.

Weiterfahrt östlich des Schwielochsees über Friedland nach Lieberose.

Friedland

In Urkunden 1301 „Vredlandt", 1346 „Fridlandt"; 1800 779, 1864 1154, 1910 1014, 1939 862, 1967 945 und 1986 799 Einwohner; Ackerbau und Viehhaltung stets vorherrschend; mäßig entwickeltes Handwerk und Gewerbe; gewisse zentralörtliche Bedeutung.

Lieberose

Inmitten von Wald-, Heide- und Sandgebieten gelegen, urkundlich 1301 als oppidum et castrum Lubraz erwähnt; 1302 Stadtrecht; Bierbrauerei und Branntweinherstellung lange Zeit die wichtigsten Erwerbszweige; in Lieberose kreuzten mehrere alte Handelsstraßen; seit 1815 aber kaum noch Durchgangsverkehr vorhanden; Eisenbahnlinie Cottbus–Frankfurt (Oder) verläuft sieben Kilometer von Lieberose entfernt; Stadtmauer um 1302 erbaut; 1967 1782 und 1986 1578 Einwohner; Landwirtschaft auch heute bedeutend; Handwerk und Gewerbe mäßig entwickelt; Stadt besitzt für agrarisches Umland zentralörtliche Bedeutung.

Von Lieberose über Lamsfeld nach Goyatz-Guhlen; Fußwanderung längs Westseite des Schwielochsees über Ressen-Zaue nach Trebatsch und Sabrodt; sonst Weiterfahrt von Goyatz über Trebatsch nach Beeskow parallel zum Schwielochsee.

Schwielochsee

LSG „Schwielochsee" (44,4 km^2) südlich von Beeskow; Kern dieses Gebietes ist ein in Nord-Süd-Richtung verlaufender, durch Gletscher- und Schmelzwasserwirkung angelegter Talzug mit dem 8,5 km langen und mehr als 1 km breiten Schwielochsee. Die Spree berührt den Nordteil des Schwielochsees, durchfließt Glower und Leißnitzsee und erreicht über Beeskow das Berliner Urstromtal. Wassersport- und Campinggebiet.

Weiterfahrt über Lindenberg und Wendisch-Rietz am Südende des Scharmützelsees nach Storkow.

Storkow

Zählt zu den ältesten Städten der Mark; wurde bereits 1209 als „Sturkouve" erwähnt; 1416 als „Storkow" bezeichnet; seit 1450 Stadtrecht; 1801

1004, 1850 1784, 1910 3113, 1939 4316, 1969 4884 und 1986 5440 Einwohner.

Ackerbau meist gering, Wiesenniederungen Grundlage für ausgedehnte Viehzucht, größerer Waldbesitz; bis zum 18. Jahrhundert bedeutender Weinbau, im 18. und 19. Jahrhundert Bierbrauerei und Branntweinherstellung. Seit jeher besaß Storkow bedeutsame Landverbindungen: im 18. Jahrhundert an der Poststraße Berlin–Cottbus gelegen; seit 1862 verschiedene Kunststraßen gebaut; erste Eisenbahnverbindung entstand 1898; – Die gegenwärtige Wirtschaftsstruktur wird bestimmt durch die Industrie (Holz-, Schuh- und Lebensmittelindustrie) und Landwirtschaft. Im Sommer herrscht stärkerer Fremdenverkehr; Fahrgastschiffe und Sportboote aus Berlin können über die Dahme, den Wolziger See und durch den Storkower Kanal zum Storkower und Scharmützelsee gelangen.

Rückfahrt bis Wendisch-Rietz, dann längs West- oder Ostufer des Scharmützelsees bis nach Bad Saarow-Pieskow (zahlreiche Nebenrinnen des Scharmützelsees, Grund- und Stauchmoränen, ausgedehnte Dünenkomplexe, Vermoorungsbereiche).

12. Eisenhüttenstadt – Industrie und Stadt

Das Exkursionsgebiet läßt sich von der Diehloer Höhe im Norden der Lieberoser Hochfläche gut überschauen. Das wellige, oft kuppige Grundmoränen- und Stauchmoränengelände gibt von seinen Höhen den Blick frei über den zum Teil recht steilen Geländeabfall zum hier 4 bis 5 km breiten Berliner Urstromtal. Die leicht gewellte, vereinzelt mit Dünen bedeckte Talsandfläche (etwa 45 m NN) bildet den Baugrund für das Bandstahlkombinat und für die sozialistische Wohnstadt Eisenhüttenstadt. Nach Osten schließt sich die Oderniederung, das Fürstenberger Odertal, mit zahlreichen Altwässern an.

Zum Stadtkreis Eisenhüttenstadt (54 km²) gehören seit dem Jahre 1961 die ehemaligen Orte Fürstenberg (Oder) und Schönfließ sowie der neue Stadtteil, mit dessen Aufbau 1951 begonnen wurde.

Das frühere Fürstenberg an der Oder, am Rande der pleistozänen Talsandfläche zur Oder gelegen, von der ehemals slawischen Bevölkerung als Kietz und Burg angelegt, von deutschen Feudalherren aus militärischen Erwägungen heraus als Bollwerk für die im Rahmen der Ostexpansion erworbenen Gebiete ausgebaut, wurde im Jahre 1293 erstmals urkundlich als Stadt erwähnt (1293 civitas Furstenberg). Die städtische Anlage entstand auf der strategisch günstig gelegenen Anhöhe unmittelbar an der Einmündung eines alten Flußarmes, des späteren Fürstenberger Sees. Der Steilabfall zum See bot nach Osten hin Schutz, und auf der gegenüberliegenden Seite war der Zugang zu ihr durch eine vernäßte Geländesenke erschwert.

Es entwickelte sich im Mittelalter zu einer Handels- und Handwerkerstadt, blieb aber immer nur ein kleines Landstädtchen, dessen Ackerbürger auf den sterilen Sandböden geringe Erträge beim Roggenanbau, später Kartoffeln, erzielten. Etwas abseits, am Südende der Stadt, wurde die spätgotische Pfarrkirche St. Nikolai errichtet. 1945 brannte sie vollständig aus. 1952–1963 wurde das Äußere gänzlich restauriert. Die starken Zerstörungen im Inneren jedoch konnten noch nicht behoben werden. Das Rathaus von Fürstenberg an der Oder, 1900 etwa in der Mitte des rechteckigen Marktplatzes (jetzt Marx-Engels- und Lindenplatz) errichtet, ist jetzt Sitz des FDGB-Kreisvorstandes. Mit den umliegenden ein- und zweigeschossigen Häusern bildete dieser Platz das Zentrum der Kleinstadt.

Die kapitalistische Entwicklung war in diesem Raum eng mit dem Bau der Eisenbahnlinie Frankfurt (Oder)–Guben–Breslau (heute Wrocław/1846), des Oder-Spree-Kanals (1891) und der Schleuse bei Fürstenberg (Oder) verbunden. Die Anfänge der Dampfschiffahrt auf der Oder, der Schiffbau, die Gründung einer Glashütte (1864), die Korbmacherei sowie die in der Umgebung erschlossenen Braunkohlengruben (1858 bei Schönfließ) trugen zu einer geringen Besserung der Wirtschaftslage in jener Zeit bei.

Für die Bewohner der Stadt ging diese wirtschaftliche Entwicklung nicht weiter, sondern sie stagnierte und unterlag den allgemeinen Bedingungen der kapitalistischen Wirtschaft. Nach der Zerschlagung des Faschismus ergaben sich für die Bewohner der Stadt Fürstenberg (Oder) und der Gemeinde Schönfließ zunächst nur Erwerbsmöglichkeiten in der Landwirtschaft, in den wiedereröffneten Ziegeleien, in Sägewerken, in der Holzwollefabrik, im Kohlebergbau, in den Glashütten oder im Schiffbau und der Schiffahrt.

Auf der Grundlage der Beschlüsse des III. Parteitages der SED sah der 1. Fünfjahrplan (1951–1955) die Errichtung eines großen Eisenhüttenkombinats in der Nähe der Stadt Fürstenberg (Oder) und einer neuen sozialistischen Stadt vor. Der Standort wurde in einem im Kapitalismus ökonomisch, sozial und kulturell zurückgebliebenen Agrargebiet gewählt.

Eisenhüttenstadt

Unmittelbar an der Oder-Neiße-Friedensgrenze errichtet, sollte es Symbol der Freundschaft zwischen den Bürgern unserer Republik, der VR Polen und der Sowjetunion sein. Von besonderer Bedeutung für die Standortwahl war der Umstand, daß eine größtmögliche Annäherung an die Rohstoffquellen erreicht werden sollte. Günstige Anschlußmöglichkeiten an das Verkehrsnetz boten der Oder-Spree-Kanal, der auch als Brauchwasserlieferant genutzt werden konnte, die Bahnlinie Berlin–Frankfurt (Oder)–Fürstenberg–Guben–Cottbus sowie die Fernverkehrsstraßen 112 und 246. Nicht zuletzt mußte auch der entsprechende Baugrund für ein so großes Industrieobjekt vorhanden sein.

1950 begannen die Erschließungsarbeiten. Der erste Hochofen konnte 1951 angeblasen werden. 1954 waren mit sowjetischer Hilfe sechs Hochöfen mit modernen Nebenanlagen (z.B. Bandstraßen, Waggonkippanlagen) fertiggestellt. Jährlich werden etwa 74 % des Inlandaufkommens an Roheisen in den Hochöfen des EKO produziert (etwa 1,9 Mill. t).

Der Charakter des Werkes als moderner Industriebetrieb wird auch dadurch gekennzeichnet, daß die bei der Roheisengewinnung entstandenen

Nebenprodukte volle Verwendung finden: Schlacke und Hüttenbims werden zu Baustoffen verarbeitet, im Hüttenzementwerk (Betriebsteil des VEB Zementwerk Rüdersdorf) wird aus Hochofenschlacke und Klinkerzusatz Hüttenzement hergestellt. Die Gichtgase der Hochöfen betreiben das erste Gichtgaskraftwerk Europas, dessen 5 Turbinen eine Kapazität von 100 MW aufweisen. Die erzeugte Elektroenergie wird für die Versorgung des Kombinats und für die öffentliche Stromversorgung genutzt.

Die hauptsächliche Rohstoffgrundlage der Eisengewinnung bilden Eisenerzkonzentrate aus Kriwoi Rog (Sowjetunion) sowie polnischer und sowjetischer Steinkohlenkoks. Der als Zuschlag benötigte Kalkstein wird aus Kamsdorf (Thüringen) und Rübeland (Harz) bezogen. Für den Umschlag der Massengüter besitzt das Werk einen nach neuesten Erkenntnissen ausgebauten Rangierbahnhof mit einem täglichen Ein- und Ausgang von 1200 Waggons. Er ist verbunden mit dem Grenzbahnhof Frankfurt (Oder), über den die meisten Rohstoffimporte das Werk erreichen. Abnehmer des erschmolzenen Roheisens sind die Stahlwerke sowie Gießereibetriebe der DDR.

Die zweite Etappe in der Entwicklung des Eisenhüttenkombinats begann 1963. Auf Beschluß des VI. Parteitages der SED wurde der Betrieb um ein Kaltwalzwerk erweitert, das wie der Hochofenkomplex Ergebnis enger Zusammenarbeit zwischen der DDR und der Sowjetunion ist. Seit Juni 1968 produziert die automatisierte Walzstraße. Im Zeitraum des Fünfjahrplanes 1971–1975 wurden automatisierte Anlagen zur Oberflächenveredlung von kaltgewalztem Bandstahl in Betrieb genommen, und zwar eine Breitbandverzinkungsanlage (1973) sowie die Kunststoffbeschichtungs- und Profilieranlage (1974). Mit den 1980 gefertigten oberflächenveredelten Blechen und Bändern belieferte man rund 1800 Betriebe der metallverarbeitenden Industrie unserer Republik. Um die Rohstoffbasis der DDR zu stabilisieren, wurde auf dem X. Parteitag der SED der weitere Ausbau des Werkes beschlossen. Von 1981 bis 1984 errichtete das österreichische Unternehmen Voest-Alpine AG Linz ein Konverterstahlwerk mit zwei Konvertern (Umwandlern, d. h. Behältern für die Stahlerzeugung) zu je 210 Tonnen, das für die Produktion von 2,2 Mill. t Rohstahl pro Jahr ausgelegt ist. Vom Hochofen kommt Eisen und Schrott in einen dieser Konverter und wird in einem Sauerstoff-Blas-Verfahren binnen 40 Minuten in Stahl verwandelt. Pro Schicht werden bis zu 8 Chargen geschmolzen. Im traditionellen Siemens-Martin-Ofen dauerte der Produktionsprozeß der Stahlschmelze 6 Stunden.

Geplant ist eine erneute Erweiterung des Werkes um ein Warmbreitbandwalzwerk. Nach Abschluß dieses Vorhabens wird der gesamte metallurgische Zyklus von der Aufbereitung der Erze bis zur Herstellung hochveredelter Bleche und Bänder geschlossen sein.

Außer der Eisenmetallurgie und der Baumaterialienindustrie entstanden viele Betriebe, die der Versorgung der Bevölkerung dienen, wie z. B. Großbäckerei, Fleischkombinat, die Molkerei. Weiterhin entstanden bzw. entwickelten sich der Betriebsteil des VEB Yachtwerft Berlin, der jährlich 65 Schiffe herstellt, vor allem Schubprahme für die Binnenschiffahrt, der Betriebsteil der Möbelwerke Frankfurt (Oder), der VEB Baumechanik, der VEB Elektroinstallation, das Heizkraftwerk und weitere Betriebe des Dienstleistungsbereiches.

Der Binnenhafen von Eisenhüttenstadt ist der zweitgrößte Binnenumschlagplatz der DDR. Jährlich werden hier 2 Mill. Tonnen umgeschlagen, vorwiegend Kohle, Kalk, Erze, Sand und Getreide.

Eisenhüttenstadt (1985 48 810 Ew.) wurde in Wohnkomplexe gegliedert und wuchs immer mehr mit den alten Ortsteilen Fürstenberg (Oder) (Eisenhüttenstadt-Ost) und Schönfließ (Eisenhüttenstadt-West) zusammen. Der Wohnkomplex 7 stellt von der Eisenbahntrasse ostwärts die Verbindung zur ehemaligen Kleinstadt Fürstenberg (Oder) (Eisenhüttenstadt-Ost) her. Im Stadtbild Eisenhüttenstadts werden deutlich sichtbar die Bauphasen der Entwicklung der ersten sozialistischen Wohnstadt unserer Republik. Die Wohngebäude der Komplexe 1 und 2 tragen z. B. Flachdächer, die der Wohnkomplexe 3 bis 5 Steildächer. Die Komplexe 6 und 7 sind bereits aus industriell gefertigten Großplatten hergestellt. Die neue Wohnstadt ist so angelegt worden, daß sie einer optimalen Befriedigung des menschlichen Anspruches auf Arbeit, Wohnen, Kultur und Erholung gerecht wird. In jedem der Wohnkomplexe, den kleinsten städtischen Einheiten, gibt es Geschäfte, Kaufhallen, Kinderkrippen, Bildungseinrichtungen (Schulen, Kindergärten), Spielplätze, Grünanlagen.

Im Stadtgrundriß treten zwei Hauptstraßenzüge hervor, die Nord-Süd-Magistrale (Leninallee), die das Werk mit dem Zentrum der Stadt verbindet, und die Ost-West-Magistrale (Straße der Republik), die von der Diehloer Straße zum Zentralen Platz und weiter in Richtung Eisenhüttenstadt-Ost (Fürstenberg) führt.

Das nördlich gelegene Gebiet zwischen Oder-Spree-Kanal und Bahnkörper wurde Bebauungsfläche für die örtliche Industrie (Großbäckerei, Fleischkombinat, Lagerhallen, Kühlräume, Getreidespeicher, Heizkraftwerk u. a.).

Das kulturelle Leben bietet den Bewohnern der Stadt und des Umlandes viel Abwechslung.

Das Friedrich-Wolf-Theater (731 Plätze) hat sich in den mehr als 30 Jahren seines Bestehens zu einem geistig-kulturellen Mittelpunkt entwikkelt und wird u. a. vom Frankfurter Kleist-Theater, vom Theater der Stadt Cottbus und der Volksbühne Berlin bespielt. Weitere kulturelle Einrichtungen sind die Erich-Franz-Lichtspiele in Eisenhüttenstadt-Ost, das staatliche Kulturhaus „Ernst Thälmann", Klubhäuser der Gewerkschaft, Wohngebietsklubs und die Freilichtbühne in den Diehloer Bergen mit 3 500 Sitzplätzen. Einen interessanten Einblick in die Geschichte der Stadt vermittelt das 1980 in der Löwenstraße (Eisenhüttenstadt-Ost) eröffnete Städtische Museum.

Den sporttreibenden Einwohnern stehen insgesamt 26 Sportplätze, 12 Schulsporthallen, das Freibad und den Wintersportlern in den Diehloer Bergen die Rodelbahn und die Sprungschanze zur Verfügung. Als Naherholungsgebiete für die Eisenhüttenstädter sind die Diehloer Berge und die sogenannte „Insel", zwischen zwei Kanalarmen (Alter Abstieg und Umgehungskanal), ein etwa 100 ha großer Kultur- und Erholungspark mit moderner Schwimmhalle, anzusprechen.

Eisenhüttenstadt als eine junge Stadt verfügt über eine große Zahl von polytechnischen Oberschulen, eine erweiterte Oberschule, die Betriebsberufsschulen des Bandstahlkombinats „Herrmann Matern" und eine Vielzahl weiterer Einrichtungen der Volksbildung und der Berufs- und Weiterbildung. Die ständigen Erweiterungen und Erneuerungen im Hüttenkombinat erfordern auch von den Werktätigen eine fortlaufende Qualifizierung, so daß der Volkshochschule und den Betriebsakademien eine besondere Verantwortung zukommt.

Exkursionroute

Es ist zu empfehlen, die Exkursion am Bahnhof Eisenhüttenstadt auf dem Bahnhofsvorplatz (Eisenbahnstraße) am Übersichtsplan der Stadt zu beginnen. Den Teilnehmern wird die Standortsituation erläutert und die Route gezeigt. Der Bahnhofsstraße in Richtung Osten folgend, beginnt die Exkursion im ehemaligen Fürstenberg (Pfarrkirche St. Nikolai, Kietz, Oder-Spree-Kanal, Rathaus, mittelalterlicher Stadtgrundriß). Nach Süden folgen wir der Gubener Straße, kommen an der Yachtwerft Berlin, Betriebsteil Eisenhüttenstadt, vorüber und erreichen nach Überquerung der Bahnlinie die Zwillingschachtschleuse, die den Höhenunterschied von 15 m zwischen Oder-Spree-Kanal und Oder bewältigt. Dem Kanal nach Norden folgend, benutzen wir die Fußgängerbrücke und gehen durch das Naherholungsgebiet „Insel", an der Schwimmhalle vorüber zur Friedrich-Engels-Straße. Nach rechts biegen wir dann ein und folgen dem Grünzug bis zum Zentralen Platz mit dem Haus der Organisationen (Kreisleitung der SED, Rat der Stadt). Nach Anmeldung beim Pförtner ist eine Besichtigung des Stadtmodells in der Eingangshalle empfehlenswert. An der Straße der Republik zwischen Kaufhaus „Magnet" und Hotel „Lunik" beginnt die Leninallee, die nach Norden verlaufend, direkt auf das Eisenhüttenkombinat mit seinen Hochofenbatterien zuführt. Dieser Blick ist für Eisenhüttenstadt charakteristisch geworden und stilisiert zugleich das Stadtwappen von Eisenhüttenstadt.

Bei einem Gang durch die Innenstadt sollte man nicht versäumen, im Wohnkomplex I den Platz der Deutsch-Sowjetischen Freundschaft mit dem Denkmal für die gefallenen Sowjetsoldaten zu besichtigen.

Auffällig ist, daß in Eisenhüttenstadt eine sehr gute Kombination von Wohnbebauung, Grünflächen und Erholungsinseln in den Straßen und

Innenhöfen mit über siebzig künstlerischen Arbeiten geschaffen wurde.

Einen guten Überblick über die Stadt und das Werk erhält man, wenn man der Diehloer Straße in Richtung zur Berggaststätte Diehloer Höhe folgt. Von dort bzw. vom Rosenhügel kann man die Produktionshallen des Kaltwalzwerkes und des Konverterstahlwerkes, die 56 m hohen Hochofenbatterien des Eisenhüttenwerkes, die Kühltürme, das Sinterwerk, das Kraftwerk und den 106 m hohen Gasometer erkennen.

Im Osten erkennt man den Turm der Fürstenberger Pfarrkirche St. Nikolai und im Süden die weitläufigen Neubaugebiete von Eisenhüttenstadt und schließlich nach Norden den ehemaligen Ort Schönfließ.

Eine Exkursion durch Eisenhüttenstadt vermittelt einen guten Eindruck über die erste sozialistische Stadt der DDR und ihre verschiedenen Entwicklungsetappen, wie sie sich in der Physiognomie ihrer Bauten widerspiegelt.

Weiterführende Literatur

Bad Saarow–Pieskow–
  Scharmützelsee. Unser kleines
  Wanderheft. Berlin 1986,
  Heft 129.

Berlin. Die Hauptstadt der DDR
  und ihr Umland. = Wissenschaftliche Abhandlungen d. Geogr.
  Ges. d. DDR, Bd. 10, Gotha/
  Leipzig 1969.

Berlin. Die Hauptstadt der DDR
  und ihr Umland. Exkursionsführer.
  Gotha/Leipzig 1969.

BLEI, M.
  Der Bezirk Frankfurt in Bildern.
  Zschr. f. d. Erdkundeunterricht
  31, 1979, 11, S. 441–448.

CHROBOK, S. M.
  Geologische Streifzüge. In den
  Endmoränen bei Joachimsthal.
  Urania 55, 1979, 11, S. 60–63.

CHROBOK, S. M., G. MARKUSE
  und B. NITZ
  Physisch-geographische Prozeß-
  forschung im Bereich des
  Biesenthaler Beckens/Barnim.
  Geographische Berichte 25,
  1980, 3, S. 165–177.

Um Eberswalde, Chorin und den
  Werbellin-See. = Werte unserer
  Heimat, Bd. 34, Berlin 1981.

Eisenhüttenstadt und seine
  Umgebung. = Werte unserer Heimat.
  Bd. 45, Berlin 1986.

Die erfolgreiche Entwicklung des
  Bezirkes Frankfurt in 40 Jahren
  nach dem Sieg über den Hitler-
  faschismus und der Befreiung
  des deutschen Volkes. Zschr. f. d.
  Erdkundeunterricht 37, 1985, 4,
  S. 122–129.

FAIT, J.
  Kunstdenkmäler in der DDR.
  Ein Bildhandbuch, Bezirke
  Cottbus, Frankfurt/Oder,
  Potsdam und Berlin.
  Leipzig 1983.

GELLERT, J. F. (Hrsg.)
  Die Weichseleiszeit im Gebiet
  der Deutschen Demokratischen
  Republik. Berlin 1965.

HANNEMANN, M.
  Anlage und Entwicklung
  weichselzeitlicher glazigener und
  periglaziärer Täler in Südost-
  brandenburg. Berichte d. Geol.
  Ges. d. DDR 8, 1963, 5/6,
  S. 617–636.

HARDT, H.
  Das Triasvorkommen von
  Rüdersdorf. In: Beiträge zur Erd-
  geschichte und Landschafts-
  entwicklung der Mark. Potsdam
  1962.

HERRMANN, J. (Hrsg.)
  Die Slawen in Deutschland.
  Berlin 1985.

HEYER, E.
Das Klima des Landes Brandenburg. = Abhandlungen d. Meteoro-
log. und Hydrolog. Dienstes
der DDR. 9, Berlin 1962, 64.

Historischer Führer. Bezirke
Potsdam, Frankfurt (Oder).
Autorenkollektiv. Leipzig, Jena,
Berlin 1987.

KRACHEL, F.
Eisenhüttenstadt – junge Stadt
am alten Strom. Eisenhüttenstadt
1965.

KRAMM, H.J.
Frankfurt a.d. Oder – eine
historisch-geographische Studie.
Wiss. Zschr. d. PH Potsdam,
Ges.-sprachwiss. Reihe 4, 1958, 1,
S.45–70.

KRAUSCH,H.-D.
Natur und Naturschutz im Bezirk
Frankfurt/Oder.
Frankfurt (Oder) 1961.

KRAUSCH, H.-D.
Mikroklimatische Untersuchungen
an Steppenpflanzengesellschaften
der Randhänge des Oderbruches.
Archiv f. Naturschutz u. Land-
schaftsforschung 1, 1961, 2,
S.142–163.

KRENZ, G.
Siedlungsgeographische Probleme
im Gebiet von Eisenhüttenstadt.
Geographische Berichte 9, 1964, 2,
S.69–85.

LEMBKE, H.
Spätwürmeiszeitliche periglaziale
Trockentäler aus dem nord-
deutschen Jungmoränengebiet.
Wiss. Zschr. d. Humboldt-Univ.
Berlin, Math.-naturwiss. Reihe 5,
1955/56, 2, S.113–117.

Lexikon Städte und Wappen der
Deutschen Demokratischen
Republik. Leipzig 1984.

LIEBENAU, U.
Eisrandlagen und Abbau des Inlandeises im Jungmoränengebiet
von Berlin. Geographische Berichte
20, 1975, 3, S.215–235.

MARCINEK, J., und B.NITZ
Das Tiefland der DDR. Gotha 1973.

MÜLLER-STOLL, W.
Die Pflanzenwelt Brandenburgs.
Berlin – Kleinmachnow 1955.

SCHERF, K.
Die brandenburgische Textilindustrie im 18. und 19. Jahrhundert und ihre standortbilden-
den Faktoren. Wiss. Zschr. d.
PH Potsdam, Ges.-sprachwiss.
Reihe 5, 1959, 1, S.43–65.

SCHMIDT, M., und W.NEUMANN
Frankfurt/Oder. Tourist-Stadt-
führer. Leipzig 1979.

SCHOLZ, E.
Zur Morphogenese der
Lieberoser Hochfläche. Wiss. Zschr.
d. PH Potsdam, Math.-naturwiss.
Reihe 5, 1959, 1, S.37–47.

SCHOLZ, E.
Anleitung und Materialsammlung
für die Durchführung von Exkursionen. Der Raum Chorin–Bad
Freienwalde–Oderbruch. Lehr-
brief. Potsdam 1957.

SCHOLZ, E., R.SCHNEIDER
und H.J.FRANZ
Geomorphologische Übersichts-
karten 1:200000, Blätter
Frankfurt–Eberswalde und
Berlin–Potsdam, mit Erläute-
rungen. Gotha/Leipzig 1971.

SCHULZ, M.
Zur Korrelation der arbeits-
räumlichen Beziehungen mit dem
Verkehr, dargestellt am Beispiel
der Kreisstadt Eberswalde-Finow.
Wiss. Zschr. d. Humboldt-Univ.
Berlin, Math.-naturwiss. Reihe
24, 1975, 1, S.55–58.

STIEHL, E.
Der Bezirk Frankfurt – ein öko-
nomisch-geographischer Überblick.
Zschr. f. d. Erdkundeunterricht
19, 1967, 7, S.254–262.

SYNDER, K.-H.
Die wirtschaftliche Entwicklung
des Gebietes Schwedt (Oder).
Zschr. f. d. Erdkundeunterricht
16, 1964, 5/6, S. 192–202.

UHLEMANN, H.-J.
Berlin und die märkischen
Wasserstraßen. Berlin 1987.

ZUCKERMANN, B.
Die ökonomisch-geographische
Entwicklung der Stadt Eberswalde.
Wiss. Zschr. d. PH Potsdam,
Ges.-sprachwiss. Reihe 1957, 1,
S. 77–102.

Bildanhang

Foto 1
Frankfurt (Oder). Das nach 1945 wieder errichtete Stadtzentrum mit Rathaus und Marktplatz im Vordergrund, im Hintergrund die Oder, die Oderbrücke und rechts die polnische Stadt Słubice
(ADN-ZB/Müller)

Foto 2
Frankfurt (Oder). Zahlreiche Neubauten – hier zwischen Franz-Mehring-Straße und Lennépark – kennzeichnen das Bild der Stadt. Im Vordergrund das neue Einkaufszentrum (Interflug, ZLB/L 860059-402)

Foto 5
Erholungsgebiet Helenesee. Nach Auskohlung der Braunkohlevorkommen von
Brieskow-Finkenheerd entstand im Südwesten von Frankfurt (Oder) ein wichtiges
Naherholungsgebiet (ADN-ZB/Müller)

Foto 3
Naturschutzgesetze sichern den Erhalt der pontischen Flora auf den Oderhängen nördlich
von Frankfurt (Oder) wie auch der einheimischen Orchideenarten (hier das gefleckte
Knabenkraut) (ADN-ZB/Müller)

Foto 4
Ein beliebtes Ausflugsziel der Frankfurter Bevölkerung sind die Oderhänge vor allem
wegen der hier verbreiteten Steppenvegetation – hier bei Libbenichen
(ADN-ZB/Müller)

137

Foto 8
Kloster Chorin in der reizvollen jungglazialen Landschaft. Das Kloster wurde vom
Kloster Lehnin hier gegründet und ist im Bezirk das bedeutendste Zisterzienser-
kloster (Interflug, ZLB/L 820021-2249)

Foto 7
Land- und forstwirtschaftlich genutzte Landschaft am Parsteiner See mit Grundmoränen
(links) und Endmoränen (Hintergrund)
(ADN-ZB/Müller)

Foto 6
Blumenkohlernte in der LPG Pflanzenproduktion Golzow. Das Oderbruch ist mit seinen
fruchtbaren Böden eine wichtige Gemüsekammer für die Hauptstadt Berlin

(ADN-ZB/Müller)

139

Foto 10
Schwedt, gelegen an der Hohensaaten-Friedrichsthaler-Wasserstraße. Im Bild vorn vom Oderhochwasser überschwemmte Wiesen, im Hintergrund das PCK am Westrand der Stadt (Interflug, ZLB/L 820021-582)

Foto 9
Schiffshebewerk Niederfinow. Das heute noch intensiv genutzte Werk gehört zu den technischen Denkmalen in der DDR
(ADN-ZB/Müller)

Foto 12
Buckow in der Märkischen Schweiz, die heute ein wichtiges Naherholungsgebiet
der Hauptstadt Berlin geworden ist
(ADN-ZB/MÜLLER)

Foto 11
Aromatenanlage im PCK Schwedt (ADN-ZB/MÜLLER)

Foto 15
Fürstenwalde. Die im Zuge der deutschen Ostexpansion gegründete und im Zweiten
Weltkrieg schwer zerstörte Stadt wurde als Zentrum der Industrie neu aufgebaut
(Blick auf Rathaus und Dom)
(ADN-ZB/Müller)

Foto 13
Bernau. Umgestaltung des von einer mittelalterlichen Stadtmauer (Vordergrund)
umschlossenen Stadtkerns (im Hintergrund die Pfarrkirche)
(ADN-ZB/Junge)

Foto 14
Pfauenfließ am Ostrand des Biesenthaler Beckens. Enges Nebeneinander ackerbaulich
genutzter Grundmoräne und tiefgründig vermoorter Niederungen kennzeichnet
diesen Teil des Nordbarnims
(K.-P. Herr)

Foto 16
Rauensche Berge. Der ,,Große Stein" (Markgrafenstein) ist einer der bemerkenswertesten ,,Findlinge", die als Geschiebe durch das Eis aus Skandinavien hierher transportiert wurden (G. HOFFMANN)

Foto 17
Bad Saarow am Nordende des Scharmützelsees ist heute eine ausgedehnte Wohnsiedlung für Auspendler nach Fürstenwalde und Berlin sowie ein Zentrum des Erholungsverkehrs (H. J. KRAMM)

Foto 18
Eisenhüttenstadt entstand nach 1950 mit dem Aufbau des Eisenhüttenkombinates als erste sozialistische Stadt der DDR (Interflug, ZLB/L 820021-581)

Foto 19
Eisenhüttenstadt mit dem Eisenhüttenkombinat Ost (EKO)
(ADN-ZB/Müller)